대전환의 한반도,
통합으로 통일을 연다

2023년 4월 27일   초판 1쇄

저자 이영선 윤영관 김병연 박명규
펴낸곳 (주)늘품플러스
펴낸이 전미정
책임편집 최효준
디자인·편집 고은미 정윤혜
출판등록 2004년 3월 18일 제2-4350호
주소 서울 중구 퇴계로 243 평광빌딩 10층
전화 02-2275-5326
팩스 02-2275-5327
이메일 go5326@naver.com
홈페이지 www.npplus.co.kr
ISBN 979-11-88024-91-9   03340

정가 16,000원

대전환의 한반도,
통합으로
통일을 연다

저자 이영선 윤영관 김병연 박명규

대전환의 한반도,
통합으로 통일을 연다

대전환의 한반도,
통합으로 통일을 연다

이 영 선(통일과나눔 이사장)

재단법인 통일과나눔은 2022년 4월, 직접 주최자가 되어 제1회 통일과나눔 컨퍼런스를 개최하였습니다. 그 컨퍼런스의 대주제가 바로 '대전환의 한반도: 통합으로 통일을 연다'였습니다. 이 컨퍼런스에서 발표된 주옥같은 3편의 논문과 전체적인 도입을 위한 필자의 논문을 이 책에 실었습니다. 앞으로도 통일과나눔 컨퍼런스를 지속해 갈 것이고 그 내용을 이같은 총서로 담아 통일과나눔의 통일에 대한 기본 입장을 정리해 나가고자 합니다.

최근 우리 사회에서 통일에 대한 열망은 식어만 가고 있습니다.

분단의 역사가 길어지고 또 북한의 도발 행위가 끊이지 않으며 젊은 세대들의 현실 생활을 우려하는 개인주의적 사고가 퍼져가기 때문인 것 같습니다.

그러나 통일은 그렇게 쉽게 포기해 버릴 과제가 아니라고 생각합니다. 통일독일의 사례가 보여 주듯이 한반도의 통일은 우리에게 평화와 번영을 보장해 줄 것이기 때문입니다. 문재인 정부는 평화공존을 내세웠지만 지금 우리는 북한의 핵위협에 시달리고 있습니다. 통일을 지향하지 않는 평화공존은 지속가능하지 않은 것 같습니다. 평화를 추구하되 장기적인 목표인 통일을 지향함으로써 지속가능한 평화를 추구해야 하지 않을까요?

물론 지금의 여건으로는 통일을 단기적으로 이루기는 어려울 것으로 보입니다. 미국과 중국의 갈등으로 빚어지는 신냉전구도가 한반도 통일에 부정적 영향을 줄 것으로 판단됩니다. 북한 정권의 생존전략도 통일과는 반대의 방향을 향하고 있습니다. 통일에 관한 남한 내부의 분위기도 통일이란 엄청난 과제를 이끌어갈 만큼의 준비에는 미흡합니다. 소위 남남갈등으로 일관성 있는 정책방향을 세우고 있지 못합니다.

이러한 상황에서 '통일을 체계적으로 준비하고 원활한 통일기반을 조성함'을 목적으로 설립된 본 재단법인 통일과나눔은 이 책을 통해 오늘의 국제정세와 기술적, 문화적 변화에 따른 경제사회변동을 고려한 바람직한 통일정책 방향을 모색하고자 합니다. 주제가 말해 주듯이 단기적인 통일을 추구할 수는 없으나 남북한의 교류와 협력으로 남북통합을 이루어 장기적으로 통일을 지향해 보자는 소망을 제시해 보고자 합니다.

도입부분에 해당하는 첫 번째 논문은 지금의 우리 국민들의 통일의 의식상황을 분석한 후 통일이 왜 필요한가를 정리하고 그 통일을 오늘의 국내외 정치, 경제, 사회, 및 기술적 변화를 고려하여 어떻게 접근하는 것이 바람직한가를 다룹니다. 두 번째 논문은 한반도 통일에 대한 구심력과 원심력이 어떻게 작용하고 있으며 주로 국제 정치경제적 관점에서 통일의 가능성을 확대하기 위한 방향을 제시합니다. 셋째 논문은 통일을 남북의 경제적 통합 과정으로 접근하자는 취지로써 경제제도의 점진적 통합과정을 제시합니다. 네 번째 논문은 남북의 통일이 사회문화적 통합으로 추진되어야 함을 보이고 있습니다. 이 네 논문이 모두 비록 단기적으로 한반도의 통일이 가능해 보이지 않더라도 남북의 다양한 통합 과정이 한반도를 통일에 이르게 할 수 있음을 보인다고 하겠습니다.

　제1회 통일과나눔 컨퍼런스에서의 주제 발표와 토론이 한반도의 평화와 번영을 보장할 통일을 위한 밑거름이 되기를 간절히 희망합니다. 컨퍼런스에서 발표와 사회와 토론을 맡아 주신 분들과 이 컨퍼런스를 주관해 주신 한반도평화연구원 관계자 여러분께 그리고 이 컨퍼런스에 직간접적으로 참여해 주신 모든 분들게 심심한 감사의 말씀을 드립니다.

　본 재단은 지난 가을에 청년들의 통일의식을 점검하고 이를 고취하기 위해 2030 청년 통일의식조사와 통일대토론회를 개최하였습니다. 청년들의 통일의식은 널리 알려진 바대로 그리 높지 않았습니다.

그러나 흥미로운 사실은 청년들의 의식을 조사하기 위해 그들과 대면하여 그들로 하여금 통일에 대해 생각해보게 하고, 또 통일이 가져다줄 사회경제적 변화에 대해 강연을 듣게하고, 아울러 그들로 하여금 직접 통일에 대해 토론하게 한 결과 사후적으로 청년들의 통일의식이 강화됨을 알게 되었습니다. 따라서 본 재단은 청년들의 통일의식 고취를 위한 사업을 더 열심히 전개해 나갈 생각입니다. 이 책의 부록에 2030 청년 통일의식조사와 통일대토론회의 요약을 싣습니다. 방대한 조사와 토론집행을 효과적으로 담당해주신 서울대 사회발전연구소와 KANTAR PUBLIC에 심심한 감사의 말씀을 드립니다.

대전환의 한반도,
통합으로 통일을 연다

I

통일을 향한
남북통합 정책의 모색

이 영 선

연세대 경제학부 명예교수, (재)통일과나눔 이사장

이 글은 동반성장연구소 창립10주년기념 컨퍼런스("4차산업혁명과 위드 코로나시대 양극
화극복을 위한 국민대토론회: 사회통합 종교문화 노동 남북문제 MZ세대의 만남", 자료집
pp.147-172, 2022. 4. 14)에서 발표한 것을 동반성장연구소의 허락 아래 수정 보완하여 게
재한 것이다.

1. 시작하며

최근 우리 사회에서 통일에 대한 열망이 식어가고 있다. 특히 젊은이들의 통일에 대한 부정적 인식의 확대가 더 뚜렷해지고 있다. 이 글은 우선 우리 사회의 통일에 대한 인식 변화의 현상과 그 이유를 살핀 후에 우리가 통일을 지향해야 하는 목적이 무엇인지를 논함으로써 통일에 대한 인식을 새롭게 하고자 한다. 특히 우리의 헌법이 자유민주주의적 통일을 이루어야함을 명시하고 있는데 그 이유가 무엇인지를 다루고자 한다. 자유민주주의를 기반으로 하는 포용적 정치경제제도가 이 한반도에 정착하는 것이 한반도의 평화와 번영을 보장하는 길임을 언급할 것이다.

통일이 필요하다고 해서 통일이 실현되는 것은 아니다. 통일이 성취되기 위해서는 한반도의 주변 여건과 남북한 간의 관계의 변화가 통일에 우호적인 방향으로 작용해야 할 것이다. 이를 위해 어떤 전략과 정책이 필요한지를 다룰 것이다. 아울러 최근 4차 산업혁명 하에서 정보지식사회가 전개되며, 신냉전구도가 펼쳐짐에 따라 우리는 어떻게 통일에 접근해야 하는지도 검토할 것이다. 또한 양극화 또는 남남갈등이 우리 사회 발전에 걸림돌이 되는 이 상황에서 통일을 위해 어떤 정책적 기반이 마련되어야 할지도 다룰 것이다.

2. 통일에 대한 국민의 의식변화

우리는 통일을 염원(念願)해 왔다. '우리의 소원은 통일'이라는 노래가 우리의 이 염원을 담고 있다. 그런데 최근 이 노래가 들리지 아니한다. 통일은 더 이상 우리의 염원이 아닌가?

　서울대학교 통일평화연구원의 조사[1]에 의하면 우리 국민 중에서 통일이 필요하다고 보는 사람은 2018년에 59.7%이던 것이 2021년에 44.6%로 감소했고 2022년에는 약간 증가하여 46.0%를 보이고 있다. 통일이 필요하지 않다는 사람은 2018년의 16.1%에서 2021년에는 29.4%로 증가한 후 2022년에는 26.7%로 약간 감소했다. 4년의 차이를 두고 국민의 의식이 이렇게 변한다는 것은 급속한 변화가 아닐 수 없다. 20-30대에서의 변화는 더욱더 급진적이다. 통일이 필요하다는 의견이 2018년에 54.1%이던 것이 2022년에는 35.3%로 극감

1　김범수 외 8인, *2022 통일의식조사*, 서울대학교 평화통일연구원(2022), 제1장 참조

Ⅰ. 통일을 향한 남북통합 정책의 모색

했고 통일이 불필요하다는 의견은 17.6%에서 35.3%로 두 배 정도 급증했다. 과연 이러한 변화는 어디에 기인한 것일까?

첫째로 분단의 시간이 길어지고 있기 때문일 것이다. 한반도 분단의 역사는 이제 80년을 앞두고 있다. 한반도를 하나의 영토, 또 그곳의 주민을 하나의 민족으로 여기며, 한반도에서 하나의 국가를 체험한 사람들이 이제 이 땅에 그다지 많이 남아 있지 않다. 결국, 분단의 시간이 흐르면서 사람들의 통일에 대한 의식이 희박해질 수 밖에 없을 것이다. 앞서 언급된 통일평화연구원의 조사[2]에 의하면 통일을 원하는 이유 중에서 '한민족이기 때문'이라고 답한 비중이 2008년 58%에 이르던 것이 2020년에는 37.3% 정도로 감소했다가 2022년에는 다소 증가하여 42.3%를 보인다. 또한 동아시아연구원의 연구[3]에 따르면 북한주민을 '우리 또는 형제'로 인식하는 사람들이 2005년에는 55%였던 것이 2020년에는 32%로 감소했고, 북한주민을 '남 또는 적'으로 인식하는 사람들의 비중이 18%에서 36%로 증가했다. 이러한 추세도 앞으로 계속 확대될 가능성이 크다. 한민족의 공동체 의식이 그만큼 희미해지고 있음을 뜻한다. 이에 따라 통일을 부정적으로 보는 시각이 증가해 온 것은 당연한 귀결로 보인다.

둘째로 북한의 계속적인 도발행위도 남한 국민들에게 통일의 필요성의 인식을 감소시켜 왔으리라 추측된다. 앞서 언급된 동아시아연구

---

2   위의 책 p.37 참조
3   강원택, 황태희(2020) 동아시아연구원(EAI), 워킹 페이퍼, '우리가 보는 세상 15년을 말하다: 2020년 한국인의 정체성 조사'

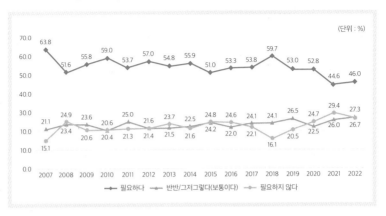

<그림 1-1-1> 통일의 필요성에 대한 인식 변화 추세(2007~2022)

서울대학교 평화통일연구원(2022), *2022 통일의식조사보고서* p.31에서 옮겨옴

원의 보고처럼 북한 주민을 적으로 인식하고 있는 비중이 증가해 오고 있음은 이를 뒷받침해 준다. 지속되는 북한의 도발행위는 남한주민들의 의식에서 북한주민이 같은 하나의 민족이라는 공동체적 정체성 의식을 감퇴시킬 것이다. 특히 북한 주민들과 공동체적 유대를 경험하지 아니하고, 산업화와 민주화를 통해 개인주의적 사고에 익숙해진 젊은 세대에게 북한의 도발행위는 통일을 부정적으로 보게끔 작용해 왔을 것이다.[4]

그러나 다른 한편에서는 북한의 도발행위가 통일을 통해 평화를 성취하자는 생각을 높일 수도 있다. 통일평화연구원의 조사에 의하면 통일을 원하는 이유 중 '남북간 전쟁위협을 없애기 위함'이라고 답한

---

4   위의 글 참조

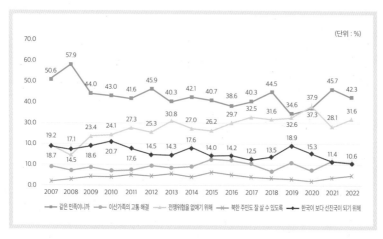

서울대학교 평화통일연구원(2022), *2022 통일의식조사보고서* p.38에서 옮겨옴

비중이 2007년 19%에서 2020년에는 38%로 증가하였다가 2022년에는 31.6%로 감소를 보이고 있다. 북한의 도발을 영구히 없애기 위해서는 통일이 필요하다고 보는 견해로 추측된다.

이렇게 북한의 도발행위가 통일에 대한 부정적인 생각을 증가시키는가 하면 통일에 대한 긍정적인 생각도 증대시킬 수 있을 것이나 우리 국민들은 평화를 우선시할 것이므로 평화를 훼손하면서까지 통일을 바라지는 않을 것이란 점을 감안할 때 북한의 도발행위는 남한 주민들에게 통일에 대해 부정적 인식을 조장하는 효과가 더 클 것으로 생각된다.

셋째로 남북한의 경제적 격차가 확대됨에 따라 통일을 통해 남한 주민이 부담해야 할 통일비용 부담이 통일에 대한 부정적인 견해를 갖게 한 것이다. 더욱이 최근 남한의 "젊은 세대는 취업난 주택난 등 자신들의 문제를 해결하는데도 힘이 부치는데 통일에 관심을 기울일 여유가 없는 상황인데다 통일이 되면 낙후된 북한지역을 재건하는데 막대한 비용이 들어갈 것이고 결국 그 비용은 증세로 돌아올 것이란 점 등을 생각해서 통일이 싫다는 생각을 넘어 재앙이란 인식까지 하고 있다는 이야기도 들린다."[5] 남한주민들 특히 젊은 세대들이 통일비용 때문에 통일에 대해 부정적인 태도를 취하는 것은 단기적인 이해관계로 이해할 수 있으나 통일이 아닌 다른 선택지, 즉 분단을 통해 지불해야하는 비용(안보비용과 통일을 통해 얻을 수 있는 경제적 이득의 희생)을 인식하지 않은 결과인데 이 문제는 뒤에서 다시 언급하기로 한다.

이상에서 거론된 통일에 대한 부정적 견해의 증가 원인은 장기적 추세적 성격을 지닌다. 그런데 앞서 언급한 서울대학교 통일평화연구원의 2018년과 2022년 사이의 조사결과는 장기적 추세적 변화만으로 설명하기에는 너무도 급격한 변화로 보인다. 단지 4년 사이에 전 국민 중에서 통일이 불필요하다고 보는 견해가 16.1%에서 26.7%로 증가하고 더욱이 젊은 세대에서는 그 비중이 두 배로 증가했다는 사실은 이 기간 사이에 특별한 요인이 작용하고 있음을 말해주는 것이 아닐까?

통일평화연구원의 조사에 의하면(그림 1-1-1 참조) 2007년 이후 2018년까지 통일이 필요하다고 보는 사람의 비중이 평균적으로 크게 변하지 아니한 것으로 나타나고 있으며 통일이 불필요하다고 보는 사

---

5   강원택, 황태희(2020) 동아시아연구원(EAI), 워킹 페이퍼, '우리가 보는 세상 15년을 말하다: 2020년 한국인의 정체성 조사'

Ⅰ. 통일을 향한 남북통합 정책의 모색

람의 비중도 크게 변하지 않고 있다. 그러던 것이 유독 2018년 통일이 필요하다고 보는 사람의 비중이 갑자기 증가했다가 그 후 4년간 빠른 속도로 감소하고, 반면에 통일이 불필요하다고 보는 사람의 비중이 2018년에 크게 감소하더니 그 후 4년간 급작스럽게 증가함을 보여준다. 2018년은 문재인정권의 2년차의 시기이다. 문재인정권이 북한을 자극하는 정책을 금지하고 대북한 평화프로세스를 선언하며 북한과의 현상유지 차원에서의 평화공존을 표방하면서 남한 주민들의 통일에 대한 기대감이 상승했을 수 있다. 그러나 문제는 단순한 현상유지 차원의 평화공존은 오히려 국민들에게 통일의 불필요성을 고취시키며 통일에 대한 인식을 약화시켰을 가능성이 있을 수 있다는 점이다. 2018년 이후의 4년간의 변화는 그 이전의 추세와 확연히 다른 모습을 보여주는데 이는 단순한 현상유지 차원의 평화공존의 추구가 통일에 대한 인식을 무디게 하고 영구적 분단고착도 무방한 것으로 받아들이게 하는 것이 아닌지 의심을 갖게 한다. 사실 문재인정부는 통일의 비전을 제시하기 보다는 북한 정권과의 안정적 관계 유지에 힘을 쏟은 것으로 보인다. 민족적 관점에서 중시해야 할 북한 주민의 인권은 도외시한 채 북한 정권의 요구를 무비판적으로 받아들이는 모습이었다.[6] 결국 이러한 통일을 목표로 하지 아니하는 평화공존은 우리 국민들에게 통일의 가치를 잊게 하며 분단고착을 무의식적으로 받아들이게 한 것이 아닐가? 이러한 분단고착을 바람직하게 여기지 않았기

---

6 지난 4년간 문재인정부는 유엔의 북한인권결의에 기권해 왔으며 이는 많은 민주주의 국가들이 비난 대상이 되어 왔다.

대전환의 한반도, 통합으로 통일을 연다

에 남북한의 기본합의서[7]는 '쌍방 사이의 관계가 나라와 나라 사이의 관계가 아닌 통일을 지향하는 과정에서 잠정적으로 형성되는 특수관계라는 것을 인정하고, 평화통일을 성취하기 위한 공동의 노력을' 다짐하고 있는 것이 아닌가?

여기서 우리는 궁극적인 통일의 가치를 다시 되살펴 보게 된다. 물론 남과 북의 주민들은 하나의 민족이므로 하나의 국가로 통일되는 것 자체가 중요하지만 통일이 실질적으로 국민들에게 어떤 가치를 부여해 줄 것인지를 확인해 볼 필요도 있을 것이다.

(재)통일과나눔은 최근 2030세대 천 명을 대상으로 그들의 통일의식을 조사하였다.[8] 통일에 대한 찬성이 43.6% 반대가 56.5%로 나타났다. 그 후 숙의조사를 위해 무작위로 청년 100명을 초대하여 통일에 대한 토론회를 가졌다. 시작 전에 참여청년들의 의식을 물은 결과 41%가 찬성 69%가 반대로 나타났다. 그러나 통일에 대한 긍정적 부정적 효과를 설명하고 아울러 청년들 사이의 토론을 전개한 후 다시 투표로 의견을 물은 결과 찬성이 애초 41%에서 67%로 크게 증가하였다. 이는 통일의 효과에 대한 심층적인 이해가 부족하여 막연한 우려 속에서 통일에 부정적인 태도를 취하는 청년이 많음을 말해 준다고 하겠다. 따라서 통일의 효과에 대한 홍보 또는 교육이 절실히 필요하다고 하겠다.

---

7   대한민국정부, "남북 사이의 화해와 불가침 및 교류협력에 관한 합의서", (1992년 2월 19일 발효)
8   통일과미래, 통일과나눔(재) 웹사이트 '청년통일토론회', 참조

3. 통일을 지향해야 하는 이유

우리는 우리의 삶이 평화롭고 번영되기를 원한다. 그런데 한반도가 우리 민족의 의사와는 무관하게 분단된 현실을 고려하여 우리의 선조들은 우리 민족이 이 한반도에서 평화와 번영을 누리기 위해서는 한반도의 통일이 필요하다고 판단하였다. 그러기에 우리의 헌법 제4조는 '대한민국은 통일을 지향하며, 자유민주적 기본질서에 입각한 평화적 통일정책을 수립하고 이를 추진한다'라고 명시하고 있다.[9] 우리는 통일을 목표로 나아가되 평화적으로 자유민주적 기본질서를 토대로 추진해야 한다. 바로 궁극적인 가치인 평화와 번영을 이루기 위해서 통일로 나아가야 하는데 그 과정도 평화로워야 하며 자유민주적 질서하에서 추진되어야 한다는 것이다. 사실 평화와 번영은 자유민주적 질서를 벗어나서 성립되지 않을 것이다. 다시 말해 우리의 궁극적 목표는 통일에 의한 평화와 번영이며 이를 실현하는 통일정책은 평화를 해치지 않는 범위 내에서 자유민주적으로 추진되어야 한다는 뜻이다. 1992년 체결된 남북기본합의서도 '평화를 보장하며........, 민족공동의 이익과 번영을 도모하며, ..., 평화통일을 성취하기 위한 공동의 노력을 다짐'한다고 선언하고 있다.[10]

　우리는 앞서 평화공존이 통일에 대한 부정적 시각을 키워서는 아

9　대한민국 헌법 제4조
10　대한민국정부, '남북 사이의 화해와 불가침 및 교류협력에 관한 합의서'(1992년 2월 19일 발효)

니 됨을 지적했다. 우리는 지속적이고 또 궁극적인 평화를 추구해 나가야 한다. 오늘의 임시적 평화가 만일 내일의 평화를 담보하지 않는다면 우리는 궁극적인 평화를 위해 노력해야 할 것이다. 통일은 한반도에 궁극적인 평화를 보장할 것이다. 그러기에 지금의 평화공존도 통일을 지향하고 있어야 가치 있는 공존이라 할 것이다.

그러면 통일은 어떻게 한반도의 번영을 보장하는가?

Acemoglu & Robinson(2012)은 '국가는 왜 실패하는가'라는 저서에서 한 밤 중에 위성에서 찍은 한반도의 사진을 통해 휴전선을 사이에 두고 남한은 환한 불빛으로 밝혀져 있는데 비해 북한은 평양에만 하얀 점이 찍혀 있을 뿐 전 지역이 검게 나타나고 있음을 보여준다.[11] 그들은 이런 현상이 나타난 이유가 바로 남북간의 제도의 차이라고 설명한다. 남한이 택하고 있는 자유시장제도는 개인의 노력의 대가가 보장되어 주민들이 경제하려는 유인이 존재하는 데 비해 북한의 권위주의적 사회주의체제는 개인의 경제하려는 유인을 형성하지 못해 경제성장이 이루어지지 않으며 오늘과 같은 국가실패를 가져온다고 설명한다.

통일은 당연히 북한의 체제적 변화를 가져올 것이다. 물론 통일이 북한에 남한과 똑같은 시장경제체제를 가져다 주리라는 보장은 없다. 그러나 북한의 현체제를 유지하는 통일은 의미가 없는 통일일 진대 통일을 통해 북한의 경제체제가 보다 효율적인 제도로 변화되어야

---

11 Acemoglu and Robinson(2012), 'Why Nations Fail?' 최완규 번역, "국가는 왜 실패하는가?", 시공사, p.115.

할 것이다. 한반도의 위성사진에서 곁들여 볼 수 있는 중국의 영토에도 환한 빛을 지닌 지역이 많이 보인다. 적어도 북한이 중국과 같은 정도의 시장제도를 도입한다면 북한의 경제는 급속도로 성장할 수 있을 것이다.

통일을 통해 북한이 번영을 누릴 수 있다는 사실만으로는 남한 주민들이 통일을 원하게 되지는 않을 것이다. 통일이 남한 주민의 번영에도 도움이 되어야 남한 주민들이 통일에 긍정적이 될 것이다. 통일을 위해서는 남한 주민들이 통일비용을 치러야 하는데 그 비용을 치르고라도 통일하는 것이 이득이 될 것인가가 관건이 될 것이다.

이 질문에 답하기 위해서 먼저 통일비용에 대해 알아보자. 경제적 의미에서 완전한 통일은 남북한의 경제적 생활수준이 동일하게 되는 것을 의미한다. 그런데 우리가 지금 아는 바에 의하면 남북한의 생활수준에는 큰 차이가 있다.[12] 만일 이러한 큰 격차가 있는 상태에서 남북한 사이의 경계가 폐지되고 자유로운 왕래가 가능하게 되면 수많은 북한 주민들이 남한으로 이주하려 할 것이다. 이 경우 남한 사회가 사회적 경제적 큰 혼란에 빠져들게 된다. 바로 독일의 통일과정에서 이런 일이 발생하였는데 서독은 동독주민들의 동독지역에서의 생활을 보장하기 위해 큰 재정적 이전지출을 감당해 왔다. 통일 후 매년 서독

---

12 한국은행의 자료에 의하면 2020년에 북한의 일인당 소득은 남한의 27분지 1이다. 물론 이 수치가 두 지역의 생활수준을 정확히 나타내지는 못할 것이다. 이 수치는 두 지역의 생활수준의 비교를 가능케 하기 위해 여러 가지 가정을 도입하고 있다. 한국은행(2021) 남북한주요경제지표 비교, 참조.

의 GDP의 약 4% 내지 5%를 지원해 왔다.[13] 이를 통해 동독 주민들이 동독지역에 남아 있게 되었고 지금은 동독주민의 생활 수준이 서독의 80% 내지 90%에 도달하게 되었다.[14] 한반도의 경우 경제적 격차가 상대적으로 독일의 경우보다 훨씬 크므로 남한 주민이 북한 주민의 생활을 보장해 주기 위해서는 보다 큰 비용이 소요될 것이다. 그러나 북한주민의 이주를 여러 제도적 장치를 통해 점진적으로 허용하고 북한에 거주할 경우 주거지 보장 등 유인체제를 동원한다면 급작스러운 이주에 의한 혼란은 피할 수 있을 것이다.

필자의 대략적인 계산에 의하면 북한 주민이 남한 주민의 생활수준의 약 60%를 보장받으면 북한에 그대로 거주할 것이라고 가정하고 통일 후 10년간 평균적으로 매년 남한 GNP의 5% 내지 6%를 이전해주고 그 후에는 점차 이전지출을 줄여가면 통일로 야기된 사회경제적 혼란은 점차 정리될 것으로 추산된다. 다시 말해 대략 남한이 감당해야 할 통일비용은 연간 남한 GNP의 5% 정도라고 할 수 있을 것이다. 그러면 과연 남한은 이를 감당할 수 있을 것인가?

우선 통일이 되면 지금껏 우리가 분단되어 있기 때문에 지불하고 있던 비용을 더 이상 부담하지 않아도 된다. 즉 남한은 현재 GNP의 약 3%를 국방비로 사용하고 있는데 통일이 되면 이를 예컨대 절반 수준으로 절감할 수 있을 것이다. 또한 각종 지출예산을 효율화한다면

---

13 고영선(2013) '통일재원 조달', "통일과 한국경제", 송경진 엮음, 세계경제연구원, pp.148.

14 독일정부(2020), '독일통일 이후 현황에 대한·2020 연례보고서'에 의하면 2018년에 동독의 가구당 가처분 소득은 전 동일 평균의 88%에 달한다.

GDP의 1% 정도는 통일을 위한 용도로 재배정할 수 있을 것이다. 아울러 우리의 조세 부담률이 아직은 OECD 국가 중 낮은 편이므로 약 2% 정도 올리고 모자라는 부분은 국제금융시장에서 동원한다면 연간 5%의 통일 비용은 감당할 수 있을 것이다. 물론 통일 초기에 일시적으로 큰 부담이 발생할 경우 정부의 부채가 증가할 수는 있을 것이다. 그러나 그러한 부채는 후세가 부담해야 될 것인데 통일이 가져오는 이득도 결국은 후세대가 얻게 될 것이므로 일시적 부채의 증가를 두려워할 필요는 없을 것이다.

또한 통일 후 북한의 경제제도의 변화에 따라 북한 경제가 급속도로 성장한다면 남한이 부담해야 할 비용이 절감될 수도 있으며 북한 경제의 신속한 성장은 남한경제의 성장에도 상승효과를 가져와 남한의 통일비용 부담 여력을 강화할 수도 있다.

특히 통일은 남북한 간의 부존생산요소의 새로운 결합을 가능케 하여 상호 교환을 통해 경제적 잉여를 확대할 뿐 아니라 남북한의 시장이 합하여져서 확대된 경제의 규모에서 오는 이득을 실현할 수 있을 것이며 이는 통일이 북한의 경제성장뿐 아니라 남한의 경제성장도 크게 촉진할 수 있음을 의미한다.[15] 사실 우리는 분단을 통해 국방비만큼만을 분단비용으로 부담하고 있는 것이 아니라 분단되어 있기 때문에 우리가 통일을 통해 얻게 되는 많은 이득을 얻지 못하고 있는바 이

---

15 김병연(2014), 강의자료 '통일의 경제적 효과'에 의하면 남한 경제는 통일을 하지 않을 때에 비해 통일 후에는 35년간 연평균 0.7 내지 0.8%p 정도 더 높은 성장률을 보일 것으로 추정된다. 북한 경제는 통일 후에 35년간 평균 13.1%의 연간 성장률을 보일 것으로 추정된다. 아울러 통일 35년 후에 남북한을 합한 통일한국의 일인당 GNP는 세계에서 10위권에 들 것으로 예측된다.

대전환의 한반도, 통합으로 통일을 연다

부분도 분단비용으로 인식해야 할 것이다. 더욱이 통일비용은 통일 후 급작스럽게 크게 발생하지만 추후 점차 감소해 가는 반면 통일이 가져오는 이득은 처음에는 크지 않다가 점차 확대되고 지속될 것이기 때문에 장기적으로는 통일이득이 통일비용을 크게 능가할 것이다.

통일을 통해 우리는 단순히 경제적 이득만을 얻는 것은 아니다. 독일은 통일 후 명실공히 유럽의 대표적 국가로 자리매김하면서 EU를 선도하고 있다. 우리나라도 한반도에서 한민족이 하나의 공동체를 이루어낸다면 동아시아 뿐만아니라 세계에서 인구면에서, 또 경제규모 면에서 강대국의 반열에 오를 수 있을 것이다. 더욱이 통일을 통해 북한주민의 인권과 민주주의가 정립된다면 우리는 경제적으로 계산할 수 없는 엄청난 가치를 실현하게 될 것이다.

물론 이러한 통일이 주는 가치는 공동체적인 것이며 개인들에게 직접적으로 와닿는 것은 아닐 수도 있다. 그러기에 최근 젊은이들이 주택문제, 일자리문제 등의 자신의 생활 상의 문제를 우려하여 통일을 부정적으로 인식하고 있는 현상은 충분히 이해되는 부분이다. 그러나 국가의 지도층은 우리의 공동체 전체의 편익을 국민에게 설득하고 우리 사회가 통일을 지향하도록 선도하는 책임이 있지 않을까? 우리의 헌법 66조 3항은 '대통령은 조국의 평화적 통일을 위한 성실한 의무를 진다'라고 대통령의 통일지향에 대한 책무를 규정하고 있다. 즉 대통령은 단순히 평화공존만을 강조할 것이 아니라 한반도의 평화와 번영을 보장하는 통일을 지향하기 위해 국민을 선도하며 또 모든 적합한 정책을 추진해야 할 것이다. 남과 북의 통일은 하나의 민족을 다시

I. 통일을 향한 남북통합 정책의 모색

묶어주는 민족공동체를 회복시키는 길일뿐 아니라 한반도의 평화와 번영을 보장해 주는 이익공동체를 세우는 길이기도 하다.

4. 초당적 통일정책이 필요한 이유

필자는 대통령선거 두 달 전에 한 일간지[16]를 통해 대통령 후보들에게 통일에 대한 견해를 밝혀 달라고 말한 적이 있다. 통일은 우리 민족과 국민에게 중요한 과제이므로 이에 대한 후보들의 견해를 국민이 알아야 하리라 생각했기 때문이다. 그러나 이번 대선을 통해 후보들이 통일에 대한 입장이나 공약은 별로 거론하지 않았다. 기껏해야 여당후보는 평화가 중요하다는 메시지를 던진 반면 야당후보는 힘을 키워야 안보를 지킬 수 있다는 정도의 메시지를 들려주었을 뿐이었다. 이렇게 통일이란 주제가 후보들의 주요공약에서 자리를 차지하지 않은 것은 아마도 통일정책에 관한 공약으로는 표를 얻는데 도움이 되지 못할 것임을 인식했기 때문일 것이다. 당선을 위해서는 중도층의 표가 중요할텐데 진보이건 보수이건 자신들의 입장을 강하게 내세울 경우 중도층의 표를 얻지 못할 것이고 또 중도적인 정책을 내세운다 할지라도 통일에 대한 부정적인 시각이 증가하고 있는 지금의 추세를 고려할 때 통일에 관한 공약이 표를 얻는데 별다른 도움이 되지 못한다고 판

---

16 조선일보 2021. 12. 13 일자 A30면

단하였을 것이다.

대선이 끝난 지금 필자는 통일정책이 대선의 주요 이슈가 되지 않은 것이 오히려 잘된 일이라 생각하게 되었다. 대선 기간 중에 통일정책에 대해 여야가 진영논리를 따라 서로 다른 입장을 내어놓고 남남갈등을 부추기는 결과를 야기했다면 대선 후에 초당적이고 일관성 있는 통일정책을 구상해 내기 어려워질 것이기 때문이다. 대선에서 여야 후보가 통일정책에 대해 별다른 입장을 나타내지 않은 것이 오히려 장기적 관점에서 초당적인 정책기조를 만드는데 유리하고 이는 한반도 통일에 도움이 될 것이라고 생각된다.

이에 관해 독일은 우리에게 좋은 교훈을 준다. 독일은 통일에 대해 전혀 불확실한 상황에서 사민당 소속이었던 빌리 브란트에 의해 제안된 동방정책으로 동독과의 긴장관계를 완화하고 주변국 특히 소련과의 관계를 개선함으로써 통일을 향한 기초를 놓았다. 그 후 정권이 사민당에서 다른 당으로 전환되었지만 브란트에 의해 구축된 동방정책은 계속 유지되었다. 결국 사민당의 브란트가 기초한 동방정책 기조의 중단없는 추진과 기민당의 헬무트 콜 수상의 통일을 지향하는 효과적인 결정들이 독일통일의 결실을 이루게 한 것이다. 그런데 빌리 브란트수상을 보좌하여 동방정책을 초안한 에곤 바는 그의 사민당 입당 연설에서 다음과 같이 말한다.

"독일이 분단되어 있는 한 우리는 국가가 아니다. 통일된 하나의 국가를 포기한다는 것은 우리 민족의 자살이고 민주주의에 대한 배반이다. 왜냐하면 민주주의는 지금까지 우리의 주된 이념이었으며 민주

주의가 아닌 통일은 우리 민족의 종말이기 때문이다." 이 말은 사민당
의 동방정책이 애초부터 민주주의에 의한 통일을 목적으로 하는 정책
이었음을 분명히 말해준다. 이러한 생각을 기초로 빌리 브란트에게 동
방정책을 제안한 에곤 바는 그 후 헬무트 슈미트, 헬무트 콜 등 세 명
의 수상 밑에서 통일을 위한 업무를 수행한다. 정권과 정당을 초월하
여 통일정책이 중단없이 추진된 것이다.[17] 이러한 독일의 통일 과정을
거울 삼아 우리도 통일정책에 관한 초당적이고 일관적이며 장기적인
정책기조를 세우고 추진해야 할 것이다.

　　독일의 통일과정에서 브란트의 동방정책, 즉 대동독 긴장완화정책
만이 크게 주목 받아 온 것이 사실이다. 분명 동독의 주민들이 통일을
두려워하지 아니하고 오히려 갈망하게 된 것은 동방정책의 효과가 크
다고 하겠다. 그러나 막상 결정적 계기가 다가 왔을 때 서독의 사민당
지도자들은 즉각적인 통일에 부정적인 시각을 보이며 상호 공존을 내
세우는 경향이 있었다. 사민당의 동방정책을 이어 받은 기민당이 기본
적으로 동방정책이 동서독의 현상유지적 공존이 아니라 통일을 지향
하고 있음을 인식하고 이를 추진함으로써 주어진 기회를 놓치지 아니
하고 통일을 이룰 수 있었다는 사실을 잊어서는 안될 것이다.[18] 사민당
의 브란트는 정치적 입장을 떠나 통일을 지향하는 기민당의 콜 수상
을 지원하였다는 점을 유의할 필요가 있다.

17　에곤 바(2013), *독일 통일의 주역, 빌리 브란트를 기억하다*, 박경서, 오영옥 번역, 북로그컴퍼니,

18　헬무트 콜 총리 회고록(1996), *'나는 조국의 통일을 원했다'*, 김주일 옮김, 해냄

하버드대 역사학 교수였고 주일미국대사를 역임했던 라이샤워교수는 독일의 통일은 주변국의 극심한 반대로 인해 그렇지 않은 한국의 통일보다 더 늦어질 것이라고 예측한 바 있다.[19] 그러나 그의 예측은 완전히 빗나갔다. 주변국의 부정적 태도에도 불구하고 서독내의 초당적이고 일관된 정책기조의 유지와 통일을 향한 동독주민과의 적극적인 관계모색, 그리고 주변국을 안심시키는 외교전략이 독일을 통일의 길로 인도한 셈이다. 그런데 우리는 어떠한가? 불행히도 우리에게는 일관된 정책기조도 없고 주변국에 대한 적극적 외교관계의 설정도 미비하며 더욱이 통일을 추진하기 위한 일관성있는 대북주민정책도 갖추어져 있지 않은 것이 아닌가? 한반도의 주변국도 독일의 주변국과 마찬가지로 통일을 지지하지 않는다고 보아야 할 것이다. 중국은 서방과의 관계 속에서 북한을 하나의 완충지대로 유지하고자 할 것이며, 미국은 한반도에서의 통일과정을 통해 야기될 수 있는 혼란을 회피코자하여 현상유지를 원할 것이며, 더욱이 일본은 한반도의 통일에 의한 국가규모의 증대가 가져올 국가경쟁력의 향상을 허용하고 싶지 않을 것이다. 더욱이 최근에 전개되어 가고 있는 신냉전체제는 한반도의 통일에 대해 주변국들이 더욱 부정적 태도를 취하게 할 것이다. 특히 중국과 러시아가 미국에 대항하기 위해 북한과의 정치적 군사적 관계를 더욱 긴밀히 할 것으로 예측되어 한반도 주변 정세를 불확실하게 하기 때문이다.

---

19 송자&이영선(1996), *통일사회로 가는 길*, 연세대학교 통일연구원 연구총서1, 서장:통일사회로 가는 길의 모색, p.11

I . 통일을 향한 남북통합 정책의 모색

이러한 어려운 환경 속에서 통일이라는 엄청난 과제를 풀어 가려면 남한 내의 정책기조에 확고한 일관성이 있어야 할뿐더러 북한과의 관계를 안정적으로 이끌어 가며 주변국들에게 통일이 동아시아정세의 안정에 필요함을 설득할 수 있는 외교력을 지닌 리더쉽이 필요할 것이다. 그러나 우리는 지금까지 통일정책에서조차 남남갈등이라는 대립구조를 표출해 왔다. 선거 때마다 소위 북풍이라는 북한 요인이 남한 내의 갈등구조를 부추겼으며 정치권은 일관된 초당적 정책기조를 구성해 내지 못해 온 것이다. 필자는 이번 대선에서 통일정책이 주요 이슈로 등장하지 않아 이 문제를 근거로 남남갈등이 크게 부각되지 아니하였으니 새 정부는 이를 계기로 일관성있고 장기적인 통일정책 방향을 초당적 합의 과정을 통해 구축해 낼 것을 제안하고 싶다.

5. 통일을 향한 초당적 남북통합정책의 모색

오늘의 한반도의 상황은 우리로 하여금 쉽사리 통일을 낙관할 수 없게 한다. 북한이 핵으로 무장하여 한반도의 평화를 위협할 뿐 아니라 정권과 체제 유지를 위해 온갖 힘을 기울이고 있다. 또한 앞서 언급한 대로 북한과 인접한 중국이 권위주의적 정치체제를 구축하고 미국을 향해 신냉전체제를 만들어 가고 있다. 남한은 진보와 보수의 두 진영 사이에 대북정책을 놓고 심한 갈등구조를 보이고 있으며 점차 통일에 대한 소망이 옅어져 가고 있다. 과연 통일은 가능한 것일까?

어느 누구도 이 질문에 쉽게 답할 수 없는 것이 현실이다. 그러나 독일 통일도 이와 비슷한 상황에서 전개된 것이었음을 인식할 필요가 있다. 앞서 언급한 라이샤워 교수의 예측에서 독일의 통일도 그 가능성이 보이지 아니하는 상황에서부터 출발했음을 알 수 있다. 냉전기간 동안 그렇게 막강했던 소련이 순식간에 힘을 잃어 해체될 줄을 누가 알았던가? 바로 그러한 기회가 독일에 통일의 기회를 가져다주었고 독일은 그 기회를 놓치지 아니하고 그들의 숙원을 달성한 것이다.

한반도의 주변 정세에 어떠한 변화가 올지 우리는 지금 알 수 없다. 그러나 예기치 않은 변화는 항상 있을 수 있다. Niall Ferguson(2017)은 역사는 수직적 위계질서와 수평적 네트워크의 상호작용과 그 변화에 의해 전개된다고 설명한다.[20] 지금껏 북한은 엄격히 통제된 위계질서에 의해 유지되어 왔다. 그러나 오늘날의 4차 산업혁명의 기초인 정보통신기술의 발전은 북한 내에서의 정보 전파의 비용을 크게 낮추어 네트워크의 힘이 북한사회에서도 발휘될 수 있게 해 줄 것이다. 이미 중국의 통신 인프라가 이용되어 외부세계에 대한 정보와 지식이 북한 내부에 도입되고 있으며 이는 다시 많은 북한 주민들에게 쉽사리 전파될 것이다.

최근 북한의 경제 사정은 과거 1990년대의 고난의 행군시절에 못지않는 형편이라고 평가된다. 핵개발에 따른 제재의 강화와 코로나로 인한 국경폐쇄가 북한 경제를 더욱 어렵게 하고 있음이 틀림없다. 결

---

20 Niall Ferguson(2017), *The Square and the Tower: Networks, Hierarchies and the Struggle for Global Power*, Allen Lane

국 핵개발에 대한 집착이 북한 주민의 생활을 더욱 어렵게 할 것이고 이는 북한체제 내부에서의 문제를 야기할 수도 있을 것이다. 이러한 변화가 점차 확대된다면 한반도 통일에 긍정적인 영향을 줄 수 있을 것이다. 더욱이 남한국민으로 하여금 한민족이 하나의 공동체를 이루어 평화와 번영을 구가하게 하는 통일에 대한 인식을 굳건하게 하며 우리의 후세들에게 통일된 한반도를 넘겨줄 준비를 해 나간다면 우리에게도 기회는 올 수 있을 것이다.

그렇다면 우리는 어떤 통일정책 기조를 마련해야 할 것인가? 가장 중요한 기조는 헌법이 규정한 바대로 통일을 지향하며 자유민주적 질서하에 평화적 통일정책을 초당적으로 추진하는 것이다. 물론 세부적인 정책에 있어 정당 간에 견해 차이는 있을 수 있을 것이다. 이러한 차이는 토론과 설득과 타협을 통해 극복되어야 하고 이를 위해 민족과 국가 차원의 가치와 목적의식으로 무장된 리더쉽이 발휘되어야 할 것이다.

대북정책에서 가장 중요한 기초는 북한 주민도 우리와 같은 한민족이라는 인식일 것이다. 남북한 주민이 하나의 민족공동체라는 의식이 형성될 때 통일이 가능할 것이기 때문이다. 많은 사람들이 독일통일이 흡수통일의 형태로 이루어졌다고 생각한다. 그러나 이 말은 잘못된 말이다. 독일의 통일은 동독주민의 자유투표에 의해 구성한 의회의 결의로 이루어졌다. 즉 동독이 서독의 제도를 받아들일 것을 선택한 것이다. 결과적으로 서독의 제도가 동독에도 그대로 적용되었다는 의미에서 흡수라고 할 수 있을지 모르나 통일의 진행과정은 결코 흡수

라고 할 수 없다.[21]

결국 독일의 경우는 한반도에서도 북한 주민들이 통일을 선택하지 아니하면 평화로운 통일은 불가능함을 말해준다. 북한주민에게 남한 주민이 그들에게 적대적이지 않음을 인식시켜야 한다. 북한 주민들이 남한주민을 하나의 민족공동체로 인식해야 통일의 기반이 조성된다. 그러기에 남한은 끊임없이 인도주의적 자세를 견지해야 한다. 물론 핵 으로 무장하며 계속적으로 도발을 일삼는 북한 정권에 대해서는 단호 히 대처해야 할 것이다. 이는 국방정책이고 안보정책이지 통일정책은 아니다. 하나의 민족공동체로서 북한 주민의 안녕과 인권에 관심을 기 울이며 통일 후 하나의 민족으로 동화될 수 있는 환경을 조성하기 위 해 노력해야 할 것이다. 예컨대 최근 중국의 동북공정은 남한과 북한 주민들이 공동으로 중국에 대처해 나갈 수 있는 계기를 던져 준다. 이 러한 계기를 활용하여 하나의 민족으로써 공동의 역사의식을 계발하 고 하나의 민족 공동체 형성을 향한 노력을 기울이는 것이 무엇보다 중요할 것이다.

이렇게 남한과 북한 주민이 공동체 의식을 세울 수 있는 공간을 확 대해 가는 노력 중의 하나가 탈북자에 대한 정책일 것이다. 탈북민들 이 남한에서 어려움 없이 생활해 갈 수 있는 환경을 조성하는 것도 북 한 주민들에게 남한 주민이 하나의 민족임을 보이는 요인이 될 것이 다. 탈북민들이 자발적으로 이주한 이상 이들을 한 동포로써 대우해

---

21 헬무트 콜 총리 회고록(1996), *'나는 조국의 통일을 원했다'*, 김주희 옮김, 해냄.

033

I . 통일을 향한 남북통합 정책의 모색

주는 것이 한 공동체를 세우는 일에 도움이 될 것이다.

북한의 인적자원이 잘 성장해 나가도록 지원하는 것도 중요할 것이다. 유아들의 보건과 건강은 물론 교육적 환경이 적절히 조성될 수 있도록 지원해야 할 것이다. 북한의 미래세대가 보다 개방적이고 시장경제에 대한 이해를 할 수 있는 기회를 부여하는 것도 필요할 것이다. 최근 정보통신기술의 발전은 북한주민들에게도 지식의 축적과 확산에 큰 기회를 가져다 줄 수 있을 것이다. 바깥 세상에 대한 정보도 더 널리 확산될 수 있을 것이다. 이러한 기술적 변화가 한민족이 하나의 공동체를 이루는데 도움이 되게하는 환경을 조성하는 것도 유익할 것이다.[22]

이상에서 언급된 대북정책의 방향은 교류와 협력의 증진으로 요약될 수 있다. 남한이 북한과 경제적 문화적 교류를 확대하며 상호 협력할 수 있는 분야를 넓혀 간다면 남북한 사회는 통일 이전에라도 통합의 단계로 나아갈 수 있을 것이다. 그런데 위에서 지적했듯이 통일은 북한 주민이 바라지 아니하는 한 불가능한 것이므로 우선 통합을 통해 북한 주민들의 의식 속에서 통일을 받아들이는 변화를 만들어 가는 것이 중요할 것이다.

그러나 핵문제로 인해 북한에 대한 국제적 제재가 가해지고 있는 지금 이러한 통합을 위한 교류와 협력과 지원이 쉽지는 않을 것이다. 그럼에도 불구하고 이를 위한 남한의 노력은 필요할 것이다. 핵이나

---

22 강동완(2022), *북한에서의 한류현황*, 통일과미래 www.tongnastory.com 이 강연에서 북한 주민이 최근 sns, usb, cd 등을 통해 남한의 한류문화에 널리 접하고 있음을 알 수 있다.

안보문제와 관련이 없는 부분에 대한 제재를 완화하도록 한국정부가 나설 수도 있을 것이다.[23] 만일 제재가 부분적으로 완화된다면 민간 차원에서 인도주의적 차원의 지원을 먼저 실행해 나가는 게 좋을 것이다. 예컨대 최근의 COVID-19의 전염을 막기 위해 동북아 혹은 남북 간의 방역협력체를 형성하여 북한에 대한 지원을 구체화할 수도 있을 것이다.[24]

최근 급속히 발전되는 정보통신기술을 기초로 한 4차 산업혁명은 남북간의 새로운 협력분야로 등장한다. 만약 남북한 간에 4차 산업협력이 없으면 북한은 중국 디지털플랫폼 체제에 편입될 위험이 있다.[25] 이를 위해서는 디지털 인프라 네트워크를 구축하기 위한 하드웨어와 소프트웨어를 지원해야 할 터인데 현재의 대북한 제재국면에서는 허용되지 아니하는 분야이다. 안보환경의 변화를 주시하면서 이 분야에서도 협력이 구체화되도록 노력해야 할 것이다.

북한 정권에 대해서 우리는 북한이 비핵화하지 아니하면 경제적 측면에서 큰 대가를 치르게 됨을 알려 주어야 한다. 북한이 비핵화로 나서지 않는 한 우리는 강한 제재에 동참하지 않을 수 없다. 그러나 반대로 북한이 단계적으로나마 비핵화의 길로 나선다면 우리는 북한의 경제발전에 획기적인 도움을 줄 수 있음을 제시해야 할 것이다. 북한

23 Jeffrey Sachs(2020), 글로벌통일컨퍼런스, 기조연설, '글로벌 보건위기와 한반도 건강공동체', 통일과미래 www.tongnastory.com.

24 이종구(2022), 글로벌통일컨퍼런스, '글로벌 말라리아 관리전략과 한반도건강공동체', 통일과미래 www.tongnastory.com.

25 김상배(2022), 북한의 4차산업기술과 발전방안, 통일과미래 www.tongnastory.com.

으로 하여금 핵을 보유함으로써 너무나 큰 대가를 지불하게 됨을 인식시켜야 한다.

우리는 교류, 협력, 지원을 통해 남북한이 민족공동체, 경제공동체, 문화공동체라는 인식을 확산시켜 나가되 철저히 상호주의에 입각해야 한다. 서독이 동독을 지원할 때 철저히 상호주의를 유지해 왔다. 예컨대 서독인이 동독으로의 방문이 허용될 경우 그 명수에 비례하여 지원금이 전달되도록 하였다. 물론 엄격한 경제적 가치상의 일대일의 상호주의는 아닐지라도 북한의 적절한 대응을 끌어내고 북한 사회의 제도적 변화를 유도하는 것이 통합을 통한 통일로 가는 길의 척도가 될 것이다.

이상에서 제시된 정책방향은 이념적 성향의 차이와 관계없이 합의될 수 있을 것이다. 북한정권에 대해서는 철저한 안보태세를 갖추면서 북한 주민에 대해서는 한민족 공동체적 시각으로 대함에 있어 남한 주민 사이의 이념적 갈등은 있을 수 없을 것이다. 이러한 기조를 바탕으로 통일정책에 대한 남남갈등을 해소하고 남북한 통합정책을 수행해 나갈 필요가 있다. 이를 위해 정부와 민간이 합동으로 통일기반조성위원회 같은 조직을 구상해 볼 수도 있을 것이다. 과거 박근혜정부는 통일준비위원회를 운영하였는데 통일준비라는 이름이 급속히 통일이 이루어진다는 함의를 지니고 있어 진보 진영에서의 거부감을 갖게 하였을 수도 있다. 이 조직이 이념적 차이를 넘어서서 합의할 수 있는 정책기조를 다루고 이를 우리 사회에 전파하여 통일에 관한 남남갈등을 해소해 가는 역할을 감당할 수 있을 것이다.

물론 남북한통합정책은 남북간의 경제적 사회문화적 교류와 협력이 주를 이루어야 한다. 경제적 사회문화적 교류와 협력이 점차 확대됨에 따라 남북간의 신뢰가 쌓일 뿐 아니라 북한 주민들의 남한 사회에 대한 이해가 증진될 것이다. 이러한 교류와 협력이 정부에 의해서만 실행될 필요는 없다. 민간에 의한 교류와 협력이 오히려 북한 주민들에게 한민족이라는 정체성을 굳건히 해주는데 도움이 될 것이다.

6. 마치며

이 글은 최근 우리 사회에서 통일에 대한 열기가 감퇴하고 있다는 현상을 검토하고 분단의 역사가 길어지고 북한의 도발행위가 잦아지며 통일이 가져다 줄 미래세대에 대한 부담이 작용하여 장기적으로 나타날 수 있는 현상임을 지적했다. 특히 최근 몇 년간 통일에 대한 부정적 인식이 급격히 증가한 것은 현 정부가 통일에 대한 가치를 뒤로하고 현상유지 곧 평화공존만을 앞세운 결과임을 지적하였다. 따라서 이 글은 통일이 한반도의 평화와 번영이라는 가치를 가져올 것임을 설명하고 이를 이루기 위한 근본적인 방향을 제시하였다. 특히 미래 세대에게는 단순히 하나의 민족이기 때문에 통일해야 한다는 논리보다는 통일이 한민족에게 크나큰 가치를 제공한다는 사실을 밝혀 주어 통일을 통해 민족공동체이자 이익공동체를 이루어 나가야 함을 주장하였다.

그러나 통일은 결코 쉽사리 오지 않을 것이다. 지금과 같은 신냉전

Ⅰ. 통일을 향한 남북통합 정책의 모색

시대의 전개는 통일을 더 어렵게 할 수도 있을 것이다. 그러나 통일에 대한 염원을 지니고 남북한 사회의 통합을 향한 작은 걸음을 한 걸음씩 내디딜 때 통일의 기회가 주어질 수도 있을 것이다. 이러한 기회를 포착하기 위해 통일 이전 단계로서 남북의 경제적, 사회문화적 통합을 이루어 가는 노력을 펼쳐야 할 것이다. 여기서 중요한 것은 북한 주민들이 한민족공동체에 대한 소망을 갖게끔 하는 대북한주민 정책을 전개해야 하는 것이고 아울러 남한 국민들도 남남갈등을 극복하고 한반도의 평화와 번영을 추구하는데 초당적 노력을 펼쳐 나가는 것이다.

참고문헌

강동완. (2022). 북한에서의 한류현황. *통일과미래* http://www.tongnastory.com/news/articleView.html?idxno=271

강원택 & 황태희. (2020). 우리가 보는 세상 15년을 말하다: 2020년 한국인의 정체성 조사. *동아시아연구원(EAI) 워킹 페이퍼*.

고영선. (2013). *통일과 한국경제*. 송경진 엮음. 세계경제연구원. pp.148 통일재원 조달.

김범수 외 8인. (2022). 통일의식조사. *서울대학교 평화통일연구원*.

김병연. (2014). 강의자료 '통일의 경제적 효과'.

김상배. (2022). 북한의 4차산업기술과 발전방안. *통일과미래* http://www.tongnastory.com/news/articleView.html?idxno=270

대런 애쓰모글루, 제임스 A. 로빈슨. (2012). *국가는 왜 실패하는가?*. 최완규 번역. 시공사. p.115.

독일정부. (2020).'독일통일 이후 현황에 대한 2020 연례보고서'

송자&이영선. (1996). *통일사회로 가는 길*. 연세대학교 통일연구원 연구총서1, 서장:통일사회로 가는 길의 모색. p.11

에곤 바. (2013). *독일 통일의 주역, 빌리 브란트를 기억하다*. 박경서, 오영옥 공역, 북로그컴퍼니.

이종구. (2022). 글로벌통일컨퍼런스, '글로벌 말라리아 관리전략과 한반도건강공동체', *통일과미래* http://www.tongnastory.com/news/articleView.html?idxno=249

제프리 삭스. (2020), 글로벌통일컨퍼런스, 기조연설, '글로벌 보건위기와 한반도 건강공동체', *통일과미래* http://www.tongnastory.com/news/articleView.html?idxno=228

조선일보. 2021. 12. 13 일자 A30면.

통일과미래. (재)통일과나눔'청년통일토론회' 참조. http://www.tongnastory.com/news/articleView.html?idxno=480

헬무트 콜 총리 회고록. (1996). *나는 조국의 통일을 원했다*. 김주일 옮김, 해냄.

Niall Ferguson. (2017). *The Square and the Tower: Networks, Hierarchies and the Struggle for Global Power*, Allen Lane.

대전환의 한반도,
통합으로 통일을 연다

한반도 통일:
원심력과 구심력의 관점을 중심으로

윤 영 관
서울대 정치외교학부 명예교수

이 글은 The Oxford Handbook of South Korean Politics, Chapter 36-Korean Reunification (Oxford University Press, 2021) 에 수록된 저자의 글을 요약한 것이다.

한국 사회에서 '통일'이라는 말은 정치적 구호로 자주 쓰인다. 그러나 '통일'을 우리 국가와 국민들이 추구해야 할 진지한 목표로 생각한다면 좀 더 학술적인 분석이 필요하다. 그런 맥락에서 유일한 평화적 통일의 사례인 독일의 경험은 우리에게 귀중한 시사점을 제공한다.

1990년 독일 통일은 국제정치의 영역에서 통일의 반대 방향으로 작동하는 원심력이 최소화되고 독일 내부 동서독 관계에서 통일의 방향으로 작동하는 구심력이 최대화되었을 때 가능했다. 기민당 소속 아데나워 총리 중심으로 2차 대전 종전 이후 서독이 추진해온 동맹 중시의 친서방 정책은 결국 베를린 장벽 붕괴 이후의 가변적 상황에서 미국 조지 H.W. 부시 대통령의 독일 통일에 대한 적극적 지지를 끌어내는데 기여했다. 이는 영국과 프랑스의 통일반대 움직임을 무마하는 데 큰 도움이 되었다. 가장 강력한 통일반대 세력이었던 소련에 대해서는 경제적 지원을 대가로 통일된 독일이 나토에 남는 것에 대해 찬성하도록 설득했다. 이로써 통일의 반대 방향으로 작용하는 원심력을 최소화했다. 그러나 이것이 독일 통일의 전부는 아니었다. 1970년대 초부터 사민당 빌리 브란트 총리 중심으로 시작된 동방정책은 1982년 기민당이 주도하는 연립정부에서도 계승되었다. 결국, 통일 직전까지 20년 동안 동서독 주민들 간에 교류협력을 통해 서로 끌어당기는 구심력을 최대화하고 동독 주민들의 통일에 대한 압도적 지지를 끌어낼 수 있었다. 독일 통일은 이처럼 원심력의 최소화와 구심력의 최대화가 만들어낸 작품이었다.

안타깝게도 독일이 통일되었을 때와 달리 한반도에서는 1991년 냉전이 종결된 이후에도 통일의 반대 방향으로 작동하는 원심력이 강하게 작동하고 있다. 1945년 일제로부터 해방되면서 38선으로 분할된 이후 한반도를 중심으로 미국과 소련(러시아), 그리고 2000년대 이후에는 미국과 중국 간에 세력균형이 이루어지고 한·미·일, 북·중·러 사이에 대립 구도가 형성되었다. 주변 4국, 즉 미국, 중국, 일본, 러시아는 공식적으로는 한반도의 평화적 통일을 지지한다는 입장이지만 이들의 실제 정책들은 분단의 현상 유지 쪽으로 기울어졌다. 주변 4국 중에서는 아마도 미국이 가장 적극적으로 한반도 통일을 지지할 것이다. 그러나 통일 이후 한국의 외교적 행로에 대해 불안감을 가지고 있고, 최근 수십 년 미국 행정부들의 정책 우선순위는 통일보다는 북한의 비핵화에 치중해 있다. 중국은 1950년 한국전쟁 개입 이후 전략적 완충지대로서의 북한의 전략적 가치에 최우선 순위를 두고 있다. 그래서 북한체제의 안정이 유지되기를 희망해왔고 한국 주도의 통일에 반대한다. 일본은 통일 한국이 중국에 가까워져 일본을 적대할 가

II. 한반도 통일: 원심력과 구심력의 관점을 중심으로

능성을 우려하고, 그렇기에 통일 한국이 비핵화된 상태로 미국과의 동맹을 유지해주기를 희망한다. 러시아도 다른 인접 국가들과 마찬가지로 한반도 통일문제를 다른 대국들과의 전략 게임의 관점에서 바라보지만 중국보다는 통일에 대해 덜 유보적인 태도를 취해왔다.

이처럼 강하게 작동하는 원심력에 영향을 미치는 요인들이 많겠으나 우선적으로 중요한 세 가지 요인을 생각해볼 수 있다. 첫째는 안보협력을 위한 다자기구가 동북아에는 존재하지 않는다는 사실이다. 다자기구가 존재해서 이 지역 국가들의 행위를 효율적으로 규제할 원칙, 규범, 규칙 등이 있다면 한반도 통일문제를 놓고서도 상호 간에 의심과 경쟁을 줄이고 협력을 모색할 수 있었을 것이다. 한반도 안보문제를 놓고 지역 다자협력의 시도가 두 번 있었다. 1997년 12월 시작된 4자회담과 2003년 8월 출범한 6자회담이 그것인데, 두 경우 모두 북한의 비협조로 성과를 거두지 못했다. 둘째 요인은 북미 간의 정치적 관계이다. 1991년 냉전 종결 이후 북한은 미국과의 관계개선을 원해 왔지만 미국은 북한의 비핵화가 이루어져야만 관계개선을 할 수 있다는 입장으로 양국은 첨예하게 대립해왔다. 한국의 진보 정부인 김대중, 노무현, 문재인 대통령이 북미 관계개선을 지원하면서 비핵화를 시도했지만 성공하지 못했다. 셋째 요인은 한반도 통일에 대한 중국의 우려이다. 중국은 미국의 동맹국인 한국 주도로 통일이 되어 북한이라는 완충지대가 사라져버리는 것에 대해 우려해왔다. 반면 한국의 정치 지도자들은 통일과 관련하여 중국의 협조를 구하기 위해 긴밀한 관계 형성을 원해왔고 2008년 5월 한중 양국은 "전략적협력동반자관계"로의 격상을 합의했다. 그러나 한중 양국은 한반도의 미래에 관한 전략적 협력과 관련하여 어떠한 형태의 비전도 공유하지 못하고 있다.

이처럼 원심력이 강해진 상태에서 이것을 상쇄할 구심력은 어떠했는가? 냉전기 동안 구심력은 남북 주민들 간의 소통이 단절된 상태에서 적대적 관계의 지속으로 최소화되었다. 1950년 6월 북한의 남침으로부터 시작해서 그 후에도 남북관계는 수많은 적대적 대결로 점철되었다. 그러나 1972년 미중 관계의 진전으로 인한 충격으로 남북 간에도 7·4공동성명이 나와 자주적이고 평화적인 통일과 민족단합이라는 원칙에 합의했지만 남북 간의 우호적인 당시 분위기는 빠르게 사라졌다. 남북은 냉전 대결의 최전선 역할만 담당했을 뿐 상호협력을 통한 구심력 강화는 이루어지지 못했다.

냉전질서의 종식 이후에는 우리 정부 지도자들이 북한과의 화해와 평화 증진을 위한 주도적 역할을 취하기 시작했다. 1989년 9월 노태우 대통령은 화해협력단계와 통일단계의 중간단계로서 '한민족공동체' 형성을 제안했고 이는 향후 역대 정부의 통일에 대한 기본 정책으로 자리잡았다. 노태우 정부는 북방정책을 통해 소련 및 중국과 외교관계를 열었으나 1991-92년 즈음 김일성이 북미 관계의 개선을 원했을 때 그것을 미국과 함께 거부했다. 북한의 핵무기 개발 시도는 북미관계의 악화, 남북 관계의 악화를 가져왔고 남북 간 구심력 강화를 막는 가장 큰 장애 요인으로 등장했다. 이는 김영삼, 노무현, 이명박, 박근혜, 문재인으로 이어지는 역대 정부들의 공통적인 경험이었다. 한국 정부는 북핵 문제에 대해 강경한 미국 정부와 그에 맞서는 북한 당국 사이에서 작동하는 악순환 고리를 끊고, 비핵화와 함께 남북 간의 구심력을 강화하는 데 성공하지 못했다. 유일한 예외는 김대중 정부와 미국의 클린턴 행정부가 겹쳤던 1998-2000년의 3년간이었다. 클린턴 대통령은 김대중 대통령과 대북 포용의 기본 방향에 협력하며 공조했다. 그 결과 북미 간에는 2000년의 고위급 정부 인사의 상호 교류, 적대적 의도 폐기선언까지 가능했다. 그리고 남북 간에는 2000년 6월 15일 최초의 남북정상회담이 열렸고 활발한 경제협력과 교류가 진행되었다. 이는 한반도 통일을 향한 원심력 약화와 구심력 강화의 가능성을 보여준 유일한 역사적 사례로 남게 되었다.

남북 간의 구심력과 관련된 요인들도 다양할 것이다. 그러나 무엇보다 중요한 두 가지를 꼽자면 한국 국내정치의 '승자독식' 권력 구조와 북한의 비핵화로 인한 경제개방의 가능성일 것이다. 국내의 진보진영은 북한을 공존과 협력의 대상으로 보는데 보수진영은 북한은 망하거나 망하게 해야 할 타겟으로 간주한다. 진보진영은 보수진영의 대결적 정책이 북한을 더욱 필사적으로 만들고 한국과 미국에게 더 대결적이 되도록 만들어 긴장을 고조시킨다고 주장하고, 보수진영은 진보정부가 핵무기 제조에 사용될 수 있는 경제지원을 해주어서 불량국가인 북한의 수명을 연장해주었다고 주장한다. 이와 같은 양측의 시각은 '원칙 있는 포용(principled engagement)'이라는 방향으로 수렴될 수 있었음에도 불구하고, 모든 권력이 대통령과 집권당에 독점되어있는 두 거대정당 중심의 정치 권력 구도로 인해 수렴되지 못하고 정권이 바뀔 때마다 대북정책도 전면적으로 바뀌는 상황이 연출되었다. 두 번째 요인은 북한의 개방에 대한 두려움인데 1990년대 중엽 대기근 이후 시장화와 경제개방이 북한 당국의 묵인 하에 상당히 진행되어 왔다. 이는 북한 사회 저변의 변화를 불가피하게 만들었다. 만일 북한의 지도자가 비핵화와 관련하여 미국과 타협하고 경제개방이 심화될 수 있다면 남북 간의 경제협력 가능성도 높아질 것이고 이를 통한 구심력 강화도 가능해질 것이다.

결론적으로 원심력 약화와 구심력 강화라는 관점에서 볼 때, 한반도 안보문제에 대한 다자협력 메커니즘이 작동하고, 북미관계 개선으로 북한이 외교적 고립에서 벗어나며, 중국의 한반도 통일에 대한 우려가 완화될 수 있다면 원심력 약화는 가능할 것이다. 또한 남한의 정치인들이 정치개혁을 통해 대북정책에 대한 초당적 합의와 실천을 가능하게 하고, 북한의 지도자가 비핵화에 대해 미국과 협력하기로 결정하여 경제제재를 해제 받게 된다면 구심력 강화가 가능해질 것이다. 이처럼 원심력이 약화되고 구심력이 강화되는 방향으로 나아가는 미래를 기대한다.

대전환의 한반도,
통합으로 통일을 연다

남북관계의
잠정 목표로서의 경제통합

김 병 연
서울대 경제학부 교수

1. 서론

"통일은 민족의 소망이다." 당연하고 자연스럽게 받아들여지던 이 말
에 의문부호가 붙기 시작했다. 서울대 통일평화연구원이 작년에 실시
한 통일의식조사에 따르면 남한 주민 중 "통일이 필요하다"라고 응답
한 비중은 44.6%에 불과하였다.[1] 2007년 이 조사가 시작된 이래 처음
으로 이 응답 비중이 절반 아래로 떨어진 것이다.[2] 특히 응답의 보기
중 "통일이 필요하지 않다"라고 택한 비중은 29.4%로 증가했다. 즉
우리 국민 10명 중 세 명이 "통일이 필요하지 않다"라고 인식하고 있

---

1   응답의 보기는 "매우 필요하다, 약간 필요하다, 반반/그저 그렇다, 별로 필요하지 않다, 전혀 필요하
    지 않다"이며 응답 비중은 각각 13.8%, 30.8%, 26.0%, 24.6%, 4.8%였다. 본문에서 언급한 "통일이
    필요하다"는 응답 비중은 "매우 필요하다"와 "약간 필요하다", 그리고 "통일이 필요하지 않다"라는
    응답은 "별로 필요하지 않다"와 "전혀 필요하지 않다"라는 응답을 합한 수치이다. 2021년 통일의식
    조사는 한국갤럽조사연구소에 의뢰해 2021년 7월 10일부터 8월 4일까지 1대 1 개별면접조사로 진
    행되었다. 보다 자세한 내용은 김범수 외(2021)을 참고하라.
2   "통일이 필요하다"라는 응답이 가장 높았던 해는 설문조사가 시작된 2007년으로서 63.8%가 "통일
    이 필요하다", "그저 그렇다"는 응답이 21.1%, "필요하지 않다"라는 응답이 15.1%를 기록하였다.

대전환의 한반도, 통합으로 통일을 연다

다. 그리고 미래세대의 통일의 필요성에 대한 인식은 다른 세대에 비해 더 낮다. 19-29세의 연령대에 속한 응답자는 27.8%만이 "통일이 필요하다"라고 응답한 반면 "통일이 필요하지 않다"라고 응답한 비중은 42.9%에 달한다. 젊은세대의 통일 인식이 향후 크게 변하지 않을 것으로 가정한다면 앞으로도 남한 국민 중 통일 필요성을 지지하는 응답 비중은 증가하기보다 낮아질 가능성이 더 큼을 시사한다.

우리 정부의 공식적 통일방안은 민족공동체 통일방안이다. 이 통일방안은 통일을 목표로 하되 점진적인 방식으로 이를 추진하는 내용을 골자로 하고 있다. 즉 교류 협력을 토대로 남북 연합을 거친 후 한 국가로서의 통일을 이룬다는 접근법이다. 그런데 통일의 필요성에 관한 국민적 지지가 공고하지 않은 현시점에서 통일을 향한 선형적 접근(linear approach)은 정책적 추진력을 얻기 어렵다. 따라서 우리 국민이 공감할 수 있으면서 동시에 통일로 가는 길을 배제하지 않는 정책 목표가 필요하다.

이 글의 목적은 두 가지다. 첫째, 경제통합이 남북 간 관계에 관한 잠정적 정책 목표가 되어야 할 이유를 설명한다. 그 외 남북관계 설정의 목표로서는 현상 유지 또는 통일이 있을 수 있지만 경제통합이란 목표가 더 현실적이며 지속가능하다. 둘째, 잠정적 정책 목표로서 경제통합을 위한 정책을 개괄한다.[3] 여기서는 북한의 개혁개방, 즉 자본주의로의 체제이행과의 선순환적 관계를 강조한다. 그리고 현시점에

---

[3]   남북경제통합의 보다 구체적 내용은 저자의 기발표된 박명규 외(2010), 이장로·김병연·양운철 편 (2015)에서 소개된 바 있다.

서 가장 중요한 정책 과제로서 북한 비핵화와 경제통합의 관계를 설명한다.

2. 분단, 통일, 그리고 통합

남북관계의 목표로서 통합 이외의 상태는 현재와 같은 형태의 분단 유지와 통일을 들 수 있을 것이다. 그러나 분단 유지는 지속되기 어렵고, 급작스러운 통일은 고비용을 초래할 가능성이 크다. 더욱이 고비용 중에는 경제적 비용뿐 아니라 적극적으로 평화를 해칠 가능성, 즉 심각한 분쟁이나 군사적 충돌 가능성까지 포함된다.

　일부에서는 통일, 통합 등 더 진전된 남북관계를 추구하기보다 남북관계의 현상 유지를 선호하기도 한다. 북한에 대해 "우호적 무시(benign neglect)"로 일관하는 것이 지금처럼 평화를 유지하면서 비용도 적게 드는 방법이라는 것이다.[4] 그러나 남북관계의 현상 유지가 지속될 가능성은 작다. 만약 북한 비핵화가 해결된다면 경제협력(경협)이 재개될 수 있으며 북한경제가 국제 경제질서에 편입될 가능성이 크다. 북한 발전과 이에 따른 남한 성장의 기회가 열리는 것이

4　현상을 유지하면서 일부 경협과 사회문화적 교류를 통해 남북관계의 개선을 도모하자는 견해도 있을 수 있다. 그러나 이 상태 역시 지속되기 어렵다. 경협과 교류만으로써는 북한경제의 장기 발전을 추동하기 힘들 뿐 아니라 남한 경제에 미치는 효과도 미미하다. 문재인 대통령이 2019년 8월 5일 "남북 간 경제 협력으로 평화경제가 실현된다면 우리는 단숨에 일본의 우위를 따라잡을 수 있다"는 언급은 경협을 경제통합과 혼동한 까닭으로 보인다.

다. 현상 유지는 이 기회를 놓치는 셈이다. 이처럼 긍정적 시나리오뿐 아니라 부정적 시나리오도 존재한다. 북한 비핵화에 진전이 없거나 실패하여 대북 제재가 지속되면 북한경제의 본격적인 성장은 어렵다. 그 결과 남북 사이 소득의 격차는 좁아지지 않으며 북한을 이탈하여 남한에 정주하려는 주민도 계속 발생할 것이다. 이 경우 북한 정권은 남한의 경제 지원을 바라고 이를 이루기 위해 여러 방법을 시도할수 있다. 특히 남북 간 군사적 비대칭성을 이용해 북한 정권이 의도적으로 남북 간 군사적 긴장을 조성할 가능성도 있다. 이는 남한경제와사회에 부정적인 영향을 줄 것이다. 이 긴장이 경제에 미치는 부정적영향을 고려하여 일각에서는 경제 지원을 통해 "평화를 구매(buying peace)"하자고 주장할 수 있다. 그러나 다른 편에서는 고비용 평화, 내구력 없는 평화에 회의를 표시하며 그 대안으로 핵무장을 포함한 군사력 강화를 주장하는 목소리가 커질 것이다. 이로 인해 중국과의 갈등이 커지고 중국의 경제보복으로 인해 남한 경제가 충격을 받을 수도 있다. 여론이 분열되고 남남갈등이 심각해짐에 따라 정책이 반전, 재반전을 거듭할 수 있다. 이처럼 남북관계의 현상 유지는 달성하기어려운 목표다. 어떤 방향으로 움직이려는 잠재적 동력이 무척 거세기때문이다.

평화통일은 우리 정부가 공식적으로 지향하는 대북 정책의 목표이다. 그러나 민주주의와 시장경제체제를 훼손하는 통일은 바람직하지않고 남한 여론도 이를 수용하지 않을 것이다. 더욱이 남북 간 현격한경제적 격차를 고려할 때 평화통일은 남한 주도로 이루어지는 것이 현실적이다. 하지만 현재의 북한 정권이 이런 방식의 통일을 원할 가능성은 거의 없으며, 남한이 평화적 수단으로 북한 체제를 붕괴시키기도 어렵다. 따라서 통일을 대북 정책의 직접적인 목표로 삼는 것은 실제 북한 체제의 붕괴를 전제한 정책일 가능성이 크다. 또 평화적 흡수통일론은 북한 체제 붕괴 전까지는 아무런 대북 정책이 없다는 의미와 유사하다. 이런 의미에서 흡수적 평화통일은 대북 정책의 목표라기보다 컨틴전시 플랜에 가깝다.

북한의 붕괴 후 남한에 의한 흡수 통일은 급진적으로 이루어질 가능성이 크다. 1989년 베를린 장벽 붕괴 이후 1년도 채 되지 못해 통일을 완성한 독일의 경우에서처럼 급진통일은 단기간에 매우 큰 비용을 유발한다. 이 비용의 대부분은 정책의 실패가 아니라 일인당 소득의 격차가 큰 두 지역의 통일이라는 구조적 요인에서 유래된 것이다.[5] 서독과 동독 마르크의 1:1 화폐통합은 독일통일에 있어서 대표적인 정책 실패 사례로 흔히 알려져 있다. 그러나 이는 사실과 다르다. 동서독 주민의 소득 차이가 클 경우 정치적 문제가 발생할 가능성은 물론 동독 주민의 생계유지도 어려울 수 있다. 따라서 정부가 다양한 방식으로 동독 주민의 소득을 보전하는 것이 필요했으며 그 방법 중 하나가 동서독 화폐의 1:1 통합이었다. 즉 1:1 화폐통합은 동독 주민의 임금과 자산의 가치를 고평가하는 일종의 보조금이었다. 만약 이런 방식을 택하지 않았다면 다른 형태의 보조금을 더 지급할 필요가 있었다.

---

[5]   보다 자세한 내용은 김병연(2018a)을 참고할 수 있다.

통일 이후 서독이 동독에게 지급한 보조금의 규모는 약 3,000조원에 달한다. 이 중 일부는 동독의 인프라 건설에 사용되었다. 그러나 절반 이상의 보조금은 동독 주민에 대한 사회보장 지출이었다. 남북통일의 경우에도 북한 주민을 위한 사회보장지출이 통일비용에서 가장 큰 비중을 차지할 것이다. 이 비용은 북한의 인프라 건설비용과 달리 결국 남한 주민이 부담해야 할 비용이다. 만약 남북이 독일처럼 급진적 방식으로 통일한다면 독일통일보다 사회보장지출로 인한 통일비용을 훨씬 더 많이 치러야 할 것이다. 통일 당시 동서독의 인구 비율은 서독 4, 동독 1이었던 반면, 남북한의 인구 비율은 남한 2, 북한 1이기 때문이다. 더욱이 남북의 경우 일인당 소득의 격차도 동서독의 100:20~30보다 훨씬 커서 100:3에 불과하다. 현재 남한의 부채 수준에 통일비용 조달로 인한 부채까지 더해진다면 남한의 부채가 너무 커서 감당하기 어렵다. 이자율이 급등해 부채상환이 어려워지고 환율도 이에 따라 크게 영향 받을 수 있다.

경제통합을 남북관계의 잠정적 목표로 설정하자는 주장은 이상의 배경에서 나왔다. 지금과 같은 분단, 그리고 대립 상황은 북한 내부의 정치 경제적 동학으로 인해 유지되기 어렵다. 또 현 북한 정권은 남한 주도의 흡수 통일을 원하지 않을 것이다. 특히 급진적인 흡수 통일은 고비용을 유발한다. 남한 경제가 이 충격을 견뎌내기 어려울 수도 있다. 그렇다면 남북한 주민, 그리고 남한 정부와 북한 정권이 다 동의할 수 있는 남북관계의 목표가 있을까. 경제적 편익은 증가하는 반면 남한이 부담하는 비용은 줄이는 방안이 있을까. 동시에 남북 간 평화와 북한 비핵화, 그리고 북한 경제발전에 기여하는 정책 목표를 설정할 수 있을까. 미국과 중국의 패권 경쟁, 그리고 서방과 러시아의 대립이라는 지정학적 환경을 고려할때 미·중·러가 다 만족할 수 있는 남북관계의 설정은 가능한가. 경제통합은 이상의 질문에 긍정적인 답변을 줄 수 있다.

경제통합은 남한과 북한의 경제성장률을 크게 끌어올릴 수 있다. 남한 경제는 연평균 0.3~0.8% 포인트 추가 성장할 수 있으며 북한경제성장률은 연 10%를 웃돌 수 있다.[6] 남한이 누리는 경제적 편익은 투자처와 시장의 확대뿐 아니라 자본, 기술, 노동의 생산요소를 보다 효율적으로 결합할 기회까지 포함한다. 더 나아가 평화가 공고화됨으로써 '코리아 디스카운트'가 낮아지고 남남갈등도 줄어들 것이다. 북한이 얻을 경제적 편익은 막대하다. 북한 제품을 수출할 시장이 크게 확대될 뿐 아니라 북한 성장의 제약요인 중 하나였던 자본과 기술의 부족을 메울 수 있다. 또 북한 주민의 인적자본 수준이 높아질 것이다. 경제성장의 요인인 자본, 기술, 인적자본이 급증함에 따라 북한경제성장률은 개혁개방 이후 중국의 성장률을 상회할 수도 있다.

경제통합은 남북 주민의 후생을 증가시키는 반면 남한 주민의 경제적 부담은 최소화한다. 통합 상태에서는 남북의 정치 주권이 분리되어 있다. 따라서 북한 주민에 대한 사회보장지출은 북한 정부가 책임

---

6 강문성 외(2014)와 김병연(2014)에 따르면 남북 경제통합으로 인해 남한의 경제성장률은 추가적으로 0.32~0.8% 포인트 증가한다. 대외경제정책연구원·산업연구원(2011)은 경제통합이 북한의 경제성장률을 40년 동안 8.5~14.5%로 끌어올릴 것으로 추정했으며, 강문성 외(2014)과 김병연(2014)은 북한의 경제성장률이 35년 동안 각각 6.19%, 13.1%에 달할 것으로 추정했다.

지게 된다. 남한 재원의 대부분은 인프라 건설과 기업 설립 및 자본 장비 등 투자 목적일 것이다. 이러한 지출은 사회보장지출과 달리 경제적 투자의 일종이다. 비(非)경제적 투자는 북한 주민에 대한 인도적 지원 및 지식공유 등의 기술적 지원이 포함된다. 그러나 이 지원으로 야기되는 경제적 부담은 크지 않을 것일 뿐 아니라 결과적으로 북한 주민의 건강과 인적자본, 그리고 제도 발전에도 기여한다. 더욱이 북한 경제가 급속하게 성장함에 따라 이러한 종류의 지원은 대부분 초기 단계에 국한될 것이다.

남북한의 주민과 남한 정부는 북한과의 경제통합을 원할 것이다. 평화에 기여할 뿐 아니라 성장에도 도움이 되기 때문이다. 관건은 북한 정권이다. 남북 경제통합이 북한의 경제성장을 촉진하는 면에서는 정권에 이익이 된다. 그러나 남한발(發) 자본주의 바람이 북한에 유입된다는 면은 정권에 부담으로 작용할 수 있다. 따라서 남북 경제통합의 구체적 내용에 관해서 남북 간 협의가 필요하다. 예를 들어 북한 근로자의 남한 내 취업은 남북 통합이 고도화되기 전에는 어려울 것이다. 따라서 북한 정권은 초기 단계에서는 낮은 단계의 통합으로 시작하고 그 효과를 관찰한 다음더 높은 단계의 통합으로 나아가는 점진적 통합을 선호할 것이다. 반면 자본과 재화의 이동이 사회주의 정권에 미치는 영향은 상대적으로 제한적이다. 이처럼 경제통합의 내용을 선별한다면 북한 정권이 수용할 수 있는 경제통합 방안이 마련될 수 있다.

경제통합은 미·중·러가 반대하지 않을 뿐 아니라 오히려 환영할 수 있는 남북관계이다. 남북통일에 관해 강대국의 이해관계는 분명히 엇갈릴 것이다. 현재와 같은 미국 대(對) 중·러의 대립 구도에서는 더욱 그렇다. 중국과 러시아는 남한에 의한 북한 흡수 통일을 원하지 않을 가능성이 크다. 미국은 원칙적으로 남한 주도의 통일을 지지할 것이나 현실적으로는 동맹관계에 있는 한국이 중국과 러시아와 국경을 맞대야 하는 상황을 부담스럽게 여길 수도 있다. 반면 남북의 경제통합은 중국과 러시아, 특히 동북 3성과 극동 시베리아의 발전에 매우 긍정적인 효과를 미칠 것이다. 더욱이 경제통합은 남북에만 국한된 배타적인 통합일 필요가 없다. 동북 3성과 극동 시베리아를 포함해 동북아가 하나의 경제권역으로 연결될 수 있다. 미국도 남북 경제통합의 형태로 북한의 국제경제 질서로의 편입을 환영할 것이다. 국제경제 질서로의 편입은 평화와 안정을 저해하는 행동의 기회비용을 증가시킨다. 핵과 미사일 개발을 지속할 유인을 감소시킬 수도 있다.

경제통합은 남북관계의 잠정 목표다. 따라서 경제통합을 기초로 통일로 더 나아가는 것을 배제하지 않는다. 남북경제가 통합되면 북한 경제성장률이 남한보다 훨씬 높아 남북의 일인당 국민소득이 점차 수렴할 것이다. 북한의 일인당 소득이 일정 정도 수준에 도달하면 남북이 통일한다 하더라도 남한이 부담해야 하는 통일비용은 크지 않을 것이다. 북한 주민의 인적자본 수준이 높아져 남한 기업이 이들을 고용해도 이윤을 낼 수 있다. 이렇게 되면 통일은 비용이 아니라 편익이 될 것이다. 통합단계에서 북한에서도 훌륭한 기업가가 활동하고 경제를 발전시켜 북한 주민의 자긍심을 드높일 것이다. 남북 간 사회문화

영역에서의 교류가 활발해짐에 따라 이 영역에서의 상호 이해와 제도적 수렴도 가능할 것이다. 이러한 성과를 기초로 남북 주민이 통일을 지지한다면 경제통합 이후 통일이 가능할 수도 있다. 이상의 내용을 요약하여 <표 1>은 남북관계의 목표를 현상유지, 경제통합, 통일로 나누어 지속 가능성과 주요 결정자의 수용 가능성을 비교하고 있다.

<표 1> 남북관계의 목표 비교

구분	현재 상황 유지	경제통합	통일
지속가능성	지속되기 어려움 (북한 내부 상황, 군사적 도발 가능성 등)	남북의 경제적 편익 획득으로 지속 가능	불가역적이기 때문에 지속 가능
남한 수용성	수용할 가능성 있음	높음	급진통일의 경우 수용 가능성 낮음(통일 비용, 통일의 혼란 등)
북한 수용성	수용 가능성 낮음 (제재 해제 원할 것임)	가능성 있음	현 상황에서는 수용 가능성 낮음
주변국 수용성	수용할 가능성 있음	높음	현 상황에서는 수용 가능성 낮음

자료: 저자 작성

3. 경제통합을 위한 정책

3.1 북한의 경제정책

경제통합은 남북 간 일정한 정도의 제도적 수렴을 전제한다. 보다 구체적으로 북한도 시장경제의 핵심 제도를 받아들이고 국제경제 질서에 편입된 상태를 가정한다. 예를 들면 시장 거래의 자유와 기업 경영 및 창업의 자유를 허락하는 것이다. 물론 초기에는 일정 규모 이하의 기업 경영과 창업에만 이를 허용할 수도 있다. 창업의 자유가 허락되면 기존 국유기업의 영역 밖에서 사유기업이 성장하고 이 사유기업의 발전이 북한 경제성장을 견인할 수 있다. 중국의 경우처럼 "변방에서의 개혁(reform at the margin)"이 도입되는 것이다. 그 실험 결과를 보면서 점차 이 범위를 확대해 나가는 것도 한 방법이다. 그리고 기존 국유기업 중에서 규모가 작은 기업의 사유화도 고려할 수 있을 것이다. 또 이원적 은행제도를 실시하고 시장경제에 부합하는 환율제도를 도입하며 가격과 무역을 자유화해야 한다. 그리고 국제기준에 맞게끔 경제 관련 통계자료를 수집, 발표하는 것도 시장경제 도입에 포함된다. 이는 국제통화기금 등의 국제금융기구 가입을 위한 필수 조건 중 하나이다. 국제통화기금(International Monetary Fund)에 가입하면 이어 세계은행, 아시아개발은행 등의 국제금융기구에 가입할 수 있으며 이는 북한 내에 상업적 목적의 투자가 유입될 수 있는 기초가 된다. 이는 대규모 남한 자본이 북한에 유입되기 위해서도 필요한 조건이다.

북한은 이 중 일부를 암묵적으로 허용했거나 시도한 적이 있다. 김정은 집권 이후부터 2018년까지 시장 거래는 상당 정도 자유화되었다.[7] 2013년부터 2018년까지는 물가도 상당히 안정적이었던 것으로 보이며 정부의 가격통제도 제한적이었다. 소규모 기업의 경우 암묵적

---

7   김정은 집권 이후 경제정책은 2018년 이전과 이후에 차이를 보이고 있다. 이에 대한 평가와 해석에 관해서는 Kim(2022)을 참고하라.

인 사유화도 일어났다.[8] 국유기업이지만 실제는 사기업처럼 경영되는 기업, 즉 '무늬만 국유기업'인 기업도 존재한다. 이러한 변화는 1990년대 후반 이후 시장과무역의 발전에 힘입은 바 크다. 북한 정부는 암묵적 허용이나 일부 법의 현실화를 넘어서 생산수단의 사적소유와 시장 거래의 자유를 명시적으로 법제화할 필요가 있다.[9] 이를 위해 중국이 1970년대 말 개혁개방을 시작한 후 얼마 지나지 않아 헌법과 민법에 시장 활동을 인정하고 생산수단의 개인소유를 명시한 것을 참고할 수 있다.[10]

시장경제로의 이행뿐 아니라 일반적인 경제정책도 북한의 성장에 큰 영향을 미칠 것이다. 북한은 한국, 중국, 일본, 러시아라는 거대 시장에 둘러싸여 있다는 점에서 큰 장점을 갖고 있다. 이는 북한이 다른 국가보다 훨씬 저렴한 인건비로 수출 경쟁력을 확보할 수 있다면 성장 속도가 매우 빠를 수 있음을 시사한다. 따라서 북한 근로자의 임금이 생산성을 반영할 수 있도록 정책과 제도가 마련될 필요가 있다. 특히 환율 결정에 있어 북한 원화가 고평가되지 않도록 유념해야 한다. 이를 위해서는 변동환율제 보다는 북한 원화를 균형 환율보다 저평가한 상태에서의 고정환율제나 통화위원회제(currency board system)

---

8 이에 관해서는 탈북민 설문조사를 통해 북한의 비공식 사유화 추이를 분석한 양문수·윤인주(2016)를 참고하라.

9 북한은 2015년에 주민이 보유한 유휴화폐를 기업 활동을 위해 유치할 수 있도록 기업소법을 개정하였다.

10 중국의 경우 1982년 헌법을 개정하여 사회주의 경제를 보완하는 "개체경제(individual economy)"를 인정하였다. 여기서 개체경제는 사경제활동을 의미한다. 그리고 1986년 개정된 민법에서는 개인 보유 자산을 생산수단으로 인정하였다.

도입이 바람직하다.[11] 또한 남북 경협이나 통합 때문에 북한 임금이 지나치게 빨리 올라가는 일이 없도록 그 속도와 범위를 조절할 필요가 있다. 만약 북한의 수용 능력보다 훨씬 많은 투자가 북한에 이루어진 다면 북한 임금은 가파르게 상승할 것이다. 이는 북한의 수출 경쟁력을 떨어뜨려 전체적으로 북한 성장을 저해할 수도 있다.

북한에 편만한 비공식 경제활동의 공식화가 경제정책의 핵심 중 하나가 되어야 한다. 비공식경제는 법의 보호를 받지 못하기 때문에 대부분 소규모의 기업이나 경제활동이 대부분이다. 현재 북한에서 비공식경제 활동이 활발한 이유는 생산수단의 사적 소유를 공식적으로 인정하지 않고 시장거래도 법적인 보호를 받지 못하기 때문이다. 그러나 시장 거래 및 소규모 기업활동과 창업이 자유화된 상태에서 비공식경제 활동을 지속하는 이유는 관행이나 조세 포탈을 위해서일 가능성이 크다. 이는 정부의 재정수입에 지장을 줄 뿐 아니라 기업의 성장도 저해한다. 비공식경제의 공식화를 촉진하기 위해 비공식 기업을 등록할 경우 등록비와 세금 면제 등을 약속할 수 있다. 더 나아가 기업 경영에 있어 은행 이용을 장려하고 이에 따라 일정한 보조금을 지급할 수도 있다.

---

11 통화위원회제는 경화(hard currencies)의 유입액만큼 국내 통화를 발행하는 제도로서 고정환율제보다 화폐 발행에 있어 더 엄격한 요건을 부과하는 환율제도이다. 체제이행 문헌에서는 일반적으로 고정환율제나 통화위원회제가 변동환율제에 비해 인플레이션 저감이나 성장 촉진 면에서 더 나은 효과를 거둔 것으로 평가한다.

3.2 남북경제의 통합정책

일반적으로 경제통합의 단계는 자유무역지대(Free Trade Area) - 관세동맹(Customs Union) - 공동시장(Common Markets) - 경제 및 화폐동맹(Economic and Monetary Union)이다. 자유무역지대는 생산물의 자유로운 이동을 목적으로 통합 대상 국가 혹은 지역 간의 거래에 있어 관세를 부과하지 않는 것을 골자로 한다. 관세동맹은 더 나아가 제3의 국가 혹은 지역에 대해 공동의 관세를 부과하는 통합단계이다. 공동시장은 생산물뿐 아니라 자본이나 노동 등 생산요소의 자유로운 이동을 허용하는 통합단계이다. 경제동맹은 가장 높은 통합 단계로서 공동의 경제 제도를 수립하고 정책을 조화시킨다. 유럽연합은 가장 잘 알려진 통합 사례이다. 특히 유럽연합은 유로(Euro)라는 동일한 화폐를 사용하는 화폐동맹까지 발전했다. 화폐동맹은 유럽중앙은행(European Central Bank)과 같이 역내에 하나의 중앙은행이 단일통화를 발행하고 공동의 통화정책을 수행한다. 요약하면 경제통합은 재화나 서비스 같은 생산물과 자본과 노동과 같은 생산요소의 자유로운 이동과 더불어 이를 조율하고 뒷받침하는 제도의 수립으로 이루어진다.

서울대 통일평화연구원이 매년 발표하는 남북통합지수(Inter-Korean Integration Index)의 경제부문 지수도 이상에서 설명한 일반적인 통합단계에 따라 점수를 매기고 있다. 남북통합지수가 상정하는 통합단계는 0에서 시작하여 10까지 이르며 그 구체적인 단계에 대한 설명은 다음과 같다. 가장 낮은 단계인 0단계에서는 물적 자원의 교류가 없거나 있더라도 미미한 수준이다. 1~2 단계에서는 물적 교류의 양적 증가를 반영하며, 3단계에서는 물적 자원 교류의 비중이 높고 이를 뒷받침하는 매개적 제도(intermediary institutions)가 존재한다.[12] 그리고 4단계에서는 자유무역지대처럼 관세나 수입할당 없이 자유로운 수출입이 가능한 상태, 5단계는 초기 공동시장의 단계로서 비관세 장벽의 철폐와 자유로운 자본이동이 가능한 상태를 상정했다. 6단계부터는 경제동맹이 시작된다. 6단계에서는 남북이 위임적 제도(delegating institutions)를 만들어 이 제도가 회원국의 정책을 구속한다.[13] 7단계는 화폐동맹으로서 남북이 동일한 화폐를 사용하고 하나의 중앙은행이 단일한 통화정책을 실행한다. 8단계는 대부분 경제정책이 국가 공동의 기구 혹은 제도에 위임된 상태를 일컬으며, 9단계는 모든 경제정책이 공동의 기구나 제도에 위임된 상태이다. 최종 단계인 10단계는 경제 영역에서 실질적인 통일이 이루어진 단계를 의미한다. 이 단계에서는 사회안전망과 재정의 단일화가 이루어진 상태이다.

서울대학교 통일평화연구원의 남북통합지수는 관계의 통합, 제도의 통합, 의식의 통합 정도를 정치·군사, 경제, 사회·문화의 영역에서 측정한다. 관계의 통합에서는 남과 북이 교류를 통해 밀접해지는 정도, 제도의 통합에서는 민주주의의 진전과 시장경제의 도입, 그리고

---

12 매개적 제도는 남북 경협이나 경제통합을 촉진하기 위해 남북 사이 소통을 원활히 하거나 정책을 조율하고 조정하기 위한 제도를 일컫는다. 남북공동연락사무소가 그 예이다.

13 위임적 제도는 남북이 공동의 제도를 수립해 이 제도에 주권의 일부를 위임하는 것이다. 따라서 위임적 제도가 내린 결정은 남북이 따라야 한다는 의미에서 구속적이다. 유럽사법재판소, 유럽중앙은행, 단일화페로서의 유로 등이 그 예이다.

자유와 개방을 목표로 이에 근접한 정도를 측정한다. 여기서 제도는 매개적 제도와 위임적 제도를 포함한다. 의식의 통합에서는 남한 주민과 탈북민을 통해 본 북한 주민의 의식 수렴 정도를 측정한다.[14] 즉 남북통합지수에 따르면 남북 통합은 교류 활성화를 통한 밀접한 남북관계, 구속력을 가진 공동의 제도 수립 및 남북 주민의 의식 수렴을 포괄한다.

남북 통합은 유럽통합과 두 가지 측면에서 큰 차이가 존재하기 때문에 이를 고려한 통합정책이 필요하다. 첫째, 유럽통합은 정치적으로 민주주의, 경제적으로 자본주의를 이미 택한 국가들의 통합이었다. 그렇지 못하다고 판단한 국가들은 가입을 거부하거나 민주주의와 시장경제의 수립과 실행을 가입 조건으로 제시했다. 반면 남북은 정치제도 및 경제제도가 대조적이다.[15] 즉 남한은 민주주의와 자본주의, 북한은 엄격한 권위주의, 사회주의에 기초해 있다. 이처럼 남북의 경제 제도가 상이할 경우 실질적인 경제통합은 이루어지기 어렵다. 이는 북한의 시장경제화와 남북 경제통합이 상승 작용을 하면서 서로를 강화해야할 필요성을 제기한다. 즉 북한정부의 체제이행 단계에 연동되어 경제통합이 이루어지면 그 통합이 다음단계의 체제이행을 촉진하도록 설계될 필요가 있다.

---

14 2021년 남북통합지수에 따르면 의식 부문을 제외한 정치·군사, 경제, 사회·문화의 통합단계는 각각 1단계, 1단계, 2단계로 낮은 수준에 머물러 있다 (김범수 외, 2021b).

15 유럽통합의 기초가 되었던 기능주의 혹은 신기능주의, 즉 경제적 교류가 정치적 변화로 파급된다는 이론도 민주주의와 시장경제라는 근본 제도의 동일성을 전제한 것으로 볼 수 있다.

III. 남북관계의 잠정 목표로서의 경제통합

통합정책은 북한의 정치적 제약을 고려할 필요가 있다. 북한의 정치제도가 엄격한 권위주의를 유지하는 한 빅뱅(big-bang)식 체제이행 정책은 실행되기 어려우며 중국의 경험처럼 실험주의 정책이 시도될 가능성이 크다. 따라서 속도에서 단계적일 뿐 아니라 특구처럼 특정 지역에 국한된 실험을 통해 체제에 미치는 효과를 관찰한 후 다음 단계의 이행과 통합으로 넘어갈 개연성이 높다. 이처럼 체제에 미치는 불확실성이 염려되는 체제에서는 초기에 '단맛나는 약(sweet pill)'으로써 통치자의 권력 유지 선호를 충족시키는 동시에 일반 주민이 후생 증가를 체감하도록 하는 것이 필요하다. 동시에 시장경제가 성장하여 사회주의 경제의 변화를 유도하는 것이 필요하다. 예를 들어 북한의 체제이행 정책으로서 제조업 중심의 특구에서는 기업 활동과 창업의 자유를 더 광범하게 허용하고 농업 특구에서는 협동농장을 가족농으로 전환하는 것이다. 경제통합 정책은 이를 활용하여 다음 단계의 체제이행 정책을 도입할 수 있도록 자극할 필요가 있다. 그 예로서 제조업 특구에 진출한 남한 기업은 그 특구나 다른 특구에서 활동하는 북한 사유기업으로부터 원부자재를 우선 공급받는 정책을 고려할 필요가 있다. 농업 부문에 대한 남한의 경협도 가족농으로 전환된 지역에 집중한다면 북한 성장과 체제이행이 더욱 촉진된다. 이런 식으로 시장경제가 확산하면서 사회주의 경제 영역이 점차 시장경제에 편입되면 다음 단계의 체제이행 정책을 실행하기 한결 쉬워질 것이다. 소규모 기업뿐 아니라 대규모 사유 기업의 창업과 대규모 국유기업의 사유화가 이루어질 수도 있다. 그리고 가족농의 생산성이 협동농장의

066

대전환의 한반도, 통합으로 통일을 연다

생산성을 압도하면서 특구 외 다른 지역의 협동농장도 가족농으로 전환 가능하다. 더 나아가 북한 기업의 생산성이 증가하면서 수출 역량이 증가하게 되고 이는 다시 생산성을 증가시키는 선순환이 이루어질 수 있다.

이상의 시각에서 평가한다면 그 동안 한국의 대북 경협방안은 북한의 체제이행과 경제통합과 무관하게 제시되었다. 북한 인프라 건설이나 전력지원은 가장 많이 거론된 경협방안 중 하나였다. 그러나 북한 인프라 건설에는 큰 비용이 소요되지만 효과는 불확실하다. 일각에서는 경부고속도로 건설이 남한 경제발전의 기폭제가 되었다고 주장하며 북한 인프라 건설의 중요성을 강조한다. 하지만 남한의 경우 경부고속도로 건설이 시작되기 전에 시장경제 제도와 사유기업이 이미 존재했다. 또 수출주도형 경제 성장이 이미 시작되었다. 물동량은 넘쳐 나는 반면 성장을 가로막는 구속적 제약이 교통, 즉 운송과 수송 문제였다. 반면 북한에는 시장경제제도와 사유 기업이 법적으로 존재하지 않는다. 국제경제 질서에 편입되어 수출주도형으로 성장하려고 하지도 않는다. 즉 북한의 경우 성장을 방해하는 구속적 제약은 도로나 철도의 불비(不備)가 아니라 잘못된 경제제도와 경제정책 때문이다. 먼저 제도와 정책이 성장 친화적으로 바뀌어야 인프라가 경제성장에 기여할 수 있다. 문재인 정부에서 추진했던 남북철도 연결의 경우도 비슷하다. 북한에 철도를 건설한다 해도 이를 이용할 사람과 물건이 충분하지 않다면 인프라 건설의 효과는 제한된다. 오히려 이를 유지 보수하는 데 드는 비용이 사용의 편익을 상회할 수도 있다.

전력 지원도 마찬가지다. 에너지 부족이 북한 성장에 가장 큰 장애 요인임은 사실이다. 그러나 저개발국의 경험 등을 살펴보면 에너지 부족으로 성장하지 못하는 것이 아니라 성장하지 못하기 때문에 에너지를 구입할 재원이 부족한 것이 근본 문제이다. 이는 앞에서 지적한 바와 같이 경제 제도와 정책이 왜곡되었기 때문이다. 만약 남한이 북한에 에너지를 지원한다면 북한은 이를 국유기업에 배분할 수 있다. 즉 더 효율적인 사유기업이 비효율적인 국유기업을 대체해야 경제 성장이 가능한데 한국의 전력 지원은 오히려 국유기업의 비효율성을 유지하게 만들어 사유 기업의 성장을 저해하는 결과를 초래하는 셈이다.

둘째, 남북의 경제발전 단계에 큰 차이가 존재한다. 유럽통합의 경우 초기 통합을 주도했던 국가는 프랑스, 독일, 이태리와 베네룩스 3국이었다. 이들 국가는 유럽 선진국으로서 경제발전 단계에 차이가 거의 없었다. 반면 남북의 경우, 북한의 일인당 국민소득은 남한의 일인당 국민소득의 3%에도 미치지 못한다. 소득의 격차가 큰 남한과 북한이 경제공동체를 지향한다면 유럽통합의 경우에는 고려할 필요가 없었던 여러 문제가 발생할 수 있다는 의미다. 따라서 남북 통합을 설계할 때는 소득의 비대칭성의 부작용을 적극 감안할 필요가 있다.

경제통합의 출발은 생산물 시장의 자유로운 이동이다. 즉 재화나 서비스에 대한 관세 및 비관세 장벽이 철폐되어 생산물 시장이 하나로 통합되는 것이다. 그러나 남북의 일인당 소득의 격차는 매우 크며 남한의 물가수준은 북한보다 훨씬 높다. 만약 북한 주민 소득의 급증 없이 물가 수준이 남한 수준으로 수렴한다면 다수의 북한 주민은 생계를 유지하기 어렵다. 또 높은 물가에 상응하는 임금 상승으로 인해 북한의 수출 경쟁력이 약화할 수 있다. 따라서 생산물 시장의 통합과 관련하여서도 북한 생산물의 남한 시장 유입이 남한 생산물의 북한 시장 유입에 선행하는 것이 바람직하다. 즉 북한 생산물이 남한 시장에 판매됨으로써 북한의 성장은 촉진하면서, 역으로 남한 생산물이 북한 시장에 전면 판매됨에 따라 물가가 오르지 않도록 관리할 필요가 있다. 즉 경제통합 초기에는 북한 제품은 남한 판매는 전면 자유화하되 남한 제품의 북한 판매는 수요와 물가에 미치는 영향을 고려하여 점진적으로 자유화하는 것이 바람직하다.

생산요소, 즉 자본과 노동의 자유로운 이동은 생산물 시장의 통합 이후에 허용하는 것이 일반적이다. 특히 남북 사이 노동 이동이 자유화되면 북한 노동력의 남한 이주가 급증할 것이다. 이 역시 북한에 거주하는 근로자의 임금을 상승시켜 수출 경쟁력을 떨어뜨린다. 따라서 노동 이동의 자유화는 경제통합의 완성 단계에서 허용하는 것이 바람직하다.[16] 그 이전까지는 남한 기업의 수요를 고려하여 취업허가(work permit)제를 통해 북한 근로자가 남한에 취업하게 하는 방안이 바람직하다. 한편 자본이동의 자유화는 노동 이동 자유화 이전 단계에서 허용할 필요가 있다. 남한자본이 북한에 유입되고 투자로 이어져야 북한 성장이 촉진되기 때문이다. 그러나 이 경우도 두 가지 사항을 점검할 필요가 있다. 첫째는 자본 유입이 북한 생산성보다 임금 상승에 더

---

16 노동의 자유로운 이동은 북한 정부에 정치적 부담으로 작용할 수도 있다. 따라서 노동 이동의 자유화는 남북이 통일을 결정했거나 북한이 민주화된 이후에 허용될 가능성이 크다.

III. 남북관계의 잠정 목표로서의 경제통합

큰 영향을 미친다면 북한의 수출경쟁력이 저해될 수 있다. 특히 북한이 수용 가능한 수준을 넘어선 자본유입은 임금 견인 인플레이션으로 이어지기 쉽다. 둘째, 남한 등 외부로부터의 대규모 자본 유입은 북한의 국제금융기구 가입이 이루어져야 가능하다. 그리고 북한의 국제금융기구 가입은 북핵 문제의 해결 없이는 어렵다.

경제통합의 후기에는 남북 화폐의 단일화가 이루어질 전망이다.[17] 유로의 경우처럼 남한과 북한 모두 원화 사용을 폐지하고 남북 공동의 새로운 화폐로 전환할 수 있다. 혹은 독일통일의 사례처럼 북한 원화를 남한 원화로 전환시키는 방법도 있다. 이 두 경우 모두 화폐의 전환율을 결정해야 한다. 전환율은 두 화폐 사이 균형환율을 따라 결정하는 것이 바람직하다. 만약 북한 화폐가 고평가되어 남한 화폐와 교환된다면 이로 인해 북한 지역의 경제가 침체할 수 있다.[18] 북한 화폐가 저평가되어 전환된다면 북한 수출에는 도움이 되지만 남북의 자산 및 소득 격차가 더욱 확대되는 부작용이 발생한다.

4. 경제통합과 비핵화

남북 경제통합이 가능하려면 북한 비핵화가 선행되어야 한다. 북한 비

---

17 남북 금융통합 및 화폐통합의 자세한 내용은 다음을 참조할 수 있다. 김병연(2012), 김병연(2016)을 참고할 수 있다.

18 특히 북한의 노동시장이 유연하지 못할 때 고평가된 화폐통합으로 인한 경제충격은 증폭된다.

핵화가 진행됨에 따라 대북제재가 해제되면 남북 경협이 재개될 수 있고 이 성과를 기초로 경제통합을 시작할 수 있다. 그러나 북한 비핵화가 과연 가능할까. 따라서 혹자는 "경제통합 가능성이 북한 비핵화에 달려 있다면 경제통합에 관한 논의는 무의미한 것이 아닌가"라며 반문할 수 있다.

경제통합은 다음과 같이 북한 비핵화에 기여할 수 있다. 첫째, 북한의 체제 불안을 감소시킬 수 있다. 남한이 북한과의 통일 대신 경제통합을 추진한다는 정책 목표를 분명히 한다면 북한이 남한의 정책 의도에 대해 가질 수 있는 의구심을 줄일 수 있다. 김정은 집권 이후 북한은 핵경제 병진노선, 그리고 경제건설집중노선 등을 표방하며 경제개발 의지를 피력하였다. 북한 정권은 통합을 체제에 미치는 불안정 요인을 증가시키지 않으면서 경제개발은 촉진하는 방안으로 인식할 수 있다. 둘째, 북한의 미래를 구체적으로 보게 함으로써 핵에 대한 집착을 감소시킬 수 있다. 북한의 완전한 비핵화는 북한 스스로 21세기의 생존을 위해 핵을 버리고 경제를 택해야 가능하다. 하지만 현재 북한 정권은 남북관계와 북한경제의 미래 모습에 대해 제대로 알기 어렵다. 남한이 남북통합이라는 미래를 구체적으로 보여주면서 북한으로 하여금 북한의 생존과 발전 결과, 그리고 그 경로를 알게 하는 것은 현 시점에서 북한이 바람직한 결정을 내리는데 기여할 수 있다. 셋째, 남북통합은 영구적인 비핵화에 기여한다. 현재 북한이 보유한 핵과 미사일, 핵물질을 폐기하고 핵시설을 폐쇄한다고 하더라도 이것이 반드시 영구적인 비핵화로 이어지는 것은 아니다. 다시 북한이 핵과 미사일을 개발할 수 있기 때문이다. 남북통합은 북한이 핵과 미사일을 개발하려는 유인을 낮추는 동시에 개발과 사용의 기회비용을 높임으로써 북한의 핵무장 의지를 품지 않도록 근원에서 차단할 수 있다. 이런 맥락에서 비핵화와 통합을 연결시키는 경제 프로젝트도 생각해 볼 수 있다. 김병연(2018b)은 북한 광물의 국제공동개발과 관리를 통해 영구적 비핵화와 북한 개발이라는 두 가지 목적을 동시에 달성할 수 있다고 주장했다. 보다 구체적으로 북한 광물을 국제 공동개발, 관리하고 그 수익을 북한 경제발전에 쓰도록 하면서 북한이 우라늄 농축을 통해 핵 개발을 시도하는 것을 막을 수 있다. 이는 동시에 북한을 국제사회에 열려진 경제공동체의 일원이 되게 하는 효과도 있다. 유럽연합이 유럽석탄철강공동체에서 출발되었다는 사실도 이 가능성을 시사한다.

5. 결론

이 글은 남한과 북한, 그리고 주변국의 수용 가능성을 고려할 때 경제통합을 남북관계의 잠정 목표로 설정할 것을 제안하고 있다. 또한 경제통합은 남한이 누릴 경제적 순편익을 극대화하면서 북한 경제발전에도 크게 기여할 수 있는 방안이다. 반면 현상 유지를 목표로 하는 대북정책은 지속 가능하지 않으며, 남한 주도의 통일을 목표로 하는 대북정책은 북한과 중국이 수용하기 어렵다. 이어 이 글은 남북경제통합을 위한 정책을 제시하고 있다. 특히 북한의 체제이행과 남북통합의 선순환을 강조하고 있다. 마지막으로 경제통합과 비핵화의 관계를 논하면서 전자가 후자에 기여할 가능성을 설명한다.

북한 문제에 대해 우리는 냉정과 열정 사이에 균형을 취해야 한다. 더 정확히 말하면 멀리 볼 때는 열정을 가지고 보되 가까이 볼 때는 냉철하게 분석해야 한다. 열정이 없으면 목표가 없어 좌초하고 냉철한 분석이 결여되면 남북이 함께 망할 수 있다. 북한 문제를 표 얻는 수단으로 생각하는 정치인과 보수와 진보 사이 정쟁 대상으로 삼는 여론이 더 이상 대북정책을 좌지우지 하도록 내버려 두어서는 안된다. 통합을 남북관계의 미래로 삼고 창의적이면서 현실성 있는 방안을 통해 남북관계를 견인해야 할 시점이다.

참고문헌

강문성·김형주·박순찬·이만종·이영훈·이조화·이홍식·편주현. (2014). 점진적통일과정에서의 동북아 경제협력과 남북한 경제통합 방안. *중장기통상전략연구. 14-06, 대외경제정책연구원.*

김범수·김병로·김병연·김학재·이성우·최은영·황수환·최현정,(2021a). 2021통일의식조사 https://ipus.snu.ac.kr/wp-content/uploads/2021/04/2021-%ED%86%B5%EC%9D%BC%EC%9D%98%EC%8B%9D%EC%A1%B0%EC%82%AC-%EB%82%B4%EC%A7%80-0311-1.pdf (2022년 4월 15일 확인).

김범수·김병연·김학재·이경수·조용신·김민지·권지애, (2021b). 2021남북통합지수 https://ipus.snu.ac.kr/blog/archives/research/5409 (2022년 4월 15일 확인).

김병연 외. (2014). *3장 통일한국의 경제비전. 통일한국의 국가상과 한중협력.* 통일연구원.

김병연. (2012). *남북한 화폐통합. 통일한국정부론* (임도빈·김병섭 편저). 나남신서.

김병연. (2016). *체제전환국의 금융개혁 사례. 북한의 금융.* 한국수출입은행. 오름.

김병연. (2018a). *체제이행과 독일 통일: 남북한에 주는 함의.* 대한민국 학술원논문집. 제 57집 2호.

김병연. (2018b). *북한 비핵화를 위한 경제적 해법.* 중앙일보 중앙시평. 2018.3.28. https://www.joongang.co.kr/article/22482476#home. (2022년 4월 15일 확인)

대외경제정책연구원·산업연구원. (2011). 남북 경제공동체 추진 구상. *통일부용역 보고서.*

박명규·이근관·전재성·김병로·김병연·황지환·정은미·박정란. (2010). *연성복합통일론.* 서울대 출판문화원.

양문수·윤인주. (2016). 북한 소규모 사유화의 수준과 추세: 정량적 접근. *통일연구* 20권 2호. 45-88.

이장로,김병연,양운철 편. (2015). *남북한 경제통합.* 한울.

Kim, Byung-Yeon. (2022). "North Korea's Foreign Policy: The Kim Jong-un Regime in a Hostile World (Scott Snyder and Kyung-Ae Park eds)". Rowman & Littlefield Publishers.

대전환의 한반도, 통합으로 통일을 연다

대전환의 한반도,
통합으로 통일을 연다.

IV

한반도 평화와 사회문화 통합: 2022년의 도전과 기회

2022년 봄, 각양 꽃과 초록의 잎들로 생명이 약동하는 계절이지만 춘래불사춘이란 말을 떠올릴 정도로 지구촌 상황은 편치 않다. 코로나19 팬데믹 상황이 여전히 해소되지 않았는데 러시아의 우크라이나 침공으로 시작된 비문명적이고 퇴행적인 전쟁의 야만성이 연일 각종 매체를 통해 전해지고 있다. 미중간의 패권경쟁은 정치경제적 대립을 넘어 기술과 문화까지 포괄하는 총체적 대결을 향해 치닫고 대만해협의 긴장도 높아지는 상황이다. 북한은 3월 24일 화성 17형 ICBM을 발사하고 핵무력을 앞세워 한반도의 긴장을 고조시키고 강대강의 공세적 도발을 예고하고 있다.

윤석열 정부의 출범을 앞둔 한국으로서는 높아가는 지정학적 리스크에 대비해야 할 부담이 커졌다. 든든한 국방력과 한미동맹에 기초한 안보역량을 강화하고 군사충돌의 위험과 코리아 리스크를 최소화하는 노력이 중요한 시기다. 대선과정에서도 대북정책을 둘러싼 정책논의가 별로 없을 정도로 남북관계 개선에 대한 우리 사회의 기대치가 크게 낮아졌다.[1] 그럼에도 불구하고 남북대립에서 초래되는 소모적 분단비용을 최소화하고 한반도에 지속가능한 평화를 정착시키는 것은 변함없는 과제이자 국가적 목표다. 달라진 국내외 환경에 기민하게 대응하면서 지속가능한 평화정책을 추진하는 창의적인 노력이 절실한 시점이다. 사회문화교류의 영역에서 이런 가능성을 모색하면서 한반도 평화의 앞날을 전망해 보려는 것이 이 발제의 기본 문제의식이다.

1. 한반도 평화구상 재론 -기능주의와 정치주의 성찰

한반도 평화는 역대 정부가 예외없이 중시했고 미국과 중국, 북한조차 강조한 정책 슬로건이다. 하지만 종전협정 이래 반세기를 훌쩍 넘기는 기간 동안 한반도의 적대적 단절상태는 변하지 않았다. 세계사적 대전환이었던 탈냉전 이후 교류협력이 확대되면서 실질적 평화가 공고해지리라 기대했던 시기도 있었지만 일시적 화해기가 지나면 다시 적대적 갈등기로 돌아가는 롤러코스트 패턴이 거듭되었다. 문재인 정부 하에서도 가장 짧은 기간에 가장 드라마틱하게 이 패턴이 반복되었다.

되돌아보면 평화를 지향한 정책은 크게 두 형태로 추진되었다. 비교적 갈등이 적은 비정치 분야의 교류협력에서 시작하여 남북간 통합수준을 점진적으로 증진시킨다는 기능주의적 접근이 그 하나이고, 다

---

1   서울대 통일평화연구원의 『통일의식조사 2021』에 의하면 '북한정권과 대화와 타협이 가능하다'는 질문에 2018,19년에 50%를 상회했으나 2020년 이후에는 30% 수준으로 낮아졌다.

른 하나는 평화협정 체결이나 북미적대관계 해소 같은 사안을 우선적으로 해결해야 한다는 정치주의적 접근이다. 1991년 체결된 '남북사이의 화해 및 불가침, 교류협력에 대한 기본합의서'는 정전체제에 기반한 현존질서를 인정하고 그 틀 내에서 점진적인 통합을 추구하는 평화로드맵에 동의하는 중요한 틀을 제공했다. 북한이 기본합의서의 효력을 거부하고 방어적인 태도를 지속하면서 그 파급력은 제한적이었지만 한국은 노태우 정부 이래 단계적이고 점진적인 전략을 기본적으로 고수해왔다. 20여 년간 진보-보수 정부가 교대되면서도 3단계의 점진적 통합을 기조로 하고 교류협력을 그 첫 단계로 강조하는 민족공동체통일방안이 변함없이 정부의 기본정책으로 유지되고 있음은 그 점을 잘 보여준다.

역대정부의 한반도 평화정책이 소기의 성과를 거두지 못했던 데는 기능주의와 정치주의의 갈등이 해소되지 않은 이유가 적지 않다. 북한은 끊임없이 교류협력의 영향력이 확대되는 것을 경계했고 긴장조성을 통해 미국과의 정치협상을 이끌어내고자 했다. 김대중, 노무현 정부는 남북정상회담을 통해 교류협력의 동력을 확보하는 신기능주의 접근을 모색했고 금강산관광 및 개성공단과 같은 큰 변화도 가능해졌다. 하지만 북한의 핵개발이 본격화하면서 비정치 분야의 교류협력을 뒷받침하던 정경분리 원칙이 통용되기 어렵게 되면서 갈등도 증폭되었다. 비핵화를 교류협력의 전제로 강조한 이명박, 박근혜 정부에서 북한의 반발은 계속되었고 관광객 피살, 천안함 폭침, 연평도 포격, 목함지뢰 사건 등의 군사적 도발로 남북관계는 악화일로를 걸었다. 문재인 정부는 평화협정체결과 북미관계개선을 비핵화와 연동시키면서 남북관계 개선을 꾀하려는 정치주의적 접근을 한반도평화 프로세스의 기본정책으로 추진했다. 지도자 리스크를 우려한 국내외의 회의론과 한국의 당사자성이 약화된다는 지적에도 불구하고 트럼프-김정은 북미 양자협상을 주선했고 탑다운식 담판의 타당성을 적극 강조했다. 실제로 판문점과 평양에서 남북정상이 평화를 약속하고 싱가포르 회담에서 북미간 공동성명이 발표되면서 새로운 평화시대가 열리리라는 기대도 컸다. 하지만 비핵화와 북미관계개선의 로드맵에 대한 실무적 합의없이 개최된 하노이 2차 북미정상회담은 실패로 귀결되었고 그 후 남북관계는 다시 2017년 상태로 되돌아갔다. 민간부문의 협력과 통합을 증진시킬 정교한 구상과 총체적 로드맵이 수반되지 않는 정치주의적 접근만으로는 지속가능한 평화를 실현하기 어렵고 그 리스크가 사회전반에 매우 큰 후유증을 남긴다는 교훈을 깨우친 사례라 하겠다.

평화는 비정치적인 교류협력만 강조해서도 실현될 수 없지만 정치협상만으로 담보될 수도 없다. 특히 평화의 지속가능성을 고려하면 비정치적이고 비영리적인 분야에서의 소통과 교류가 핵심적인 역할을 담당한다. 사회구성원들 사이의 상호 신뢰와 교류협력이 부재할 때 정치적으로 타협된 평화상태도 손쉽게 무너질 수 있다는 점에서 사회문화영역의 교류는 지속가능한 평화의 필수적 인프라라 할 것이다.[2] 그

---

2   박명규, "평화인문학", 『평화인문학이란 무엇인가』(아카넷, 2010).

런 확신 때문에 유네스코 헌장은 '평화의 방벽을 세워야 하는 곳은 사람의 마음'이라고 강조했고 평화연구의 방향 역시 소극적 평화를 넘어 적극적 평화를 추구하는 데 맞춰져 있다. 평화형성에서 민주주의를 강조하는 민주평화론이나 시장통합을 중시하는 시장평화론은 물론이고 최근 새롭게 논의되는 안정적 평화, 일상적 평화도 한결같이 평화를 위협하는 것이 국가 간 전쟁과 무력충돌에만 있지 않고 집단간 불신, 배타적 문화와 가난과 독재, 불평등과 인권침해 같은 사회문화적 요인에도 기인함을 강조하고 있는 것이다.[3]

2. 사회문화교류의 경험과 교훈

사회문화교류라 통칭하는 영역은 매우 다양하고 광범위한 사안들을 포괄한다. 국가 차원의 공적 행위자가 주도하는 정치협상이나 시장원리에 기초하여 활동하는 기업이 관여하는 경제협력과는 달리 특정하기 어려운 개인과 단체, 민간의 활동들을 망라한다. 일종의 잔여범주라 할 수도 있지만 그 중요성으로 본다면 상호신뢰와 통합력의 진전을 뒷받침할 핵심적 인프라 구축을 담당하는 영역이다. 이산가족상봉이나 식량지원 같은 인도적 사안부터 교육학술, 문화예술, 스포츠, 종교, 언론출판, 관광여행, 보건의료, 환경협력, 북한인권 증진노력 등

---

3   이상근. "안정적 평화 개념과 한반도 적용가능성", 2018. 『한국정치학회보』 49-1 (2015).

이 사회문화교류의 대표적인 사례들이다. 북핵 1차위기, 김일성 사망, 고난의 행군기가 연속되던 1990년대에는 간헐적인 긴급구호 차원을 벗어나지 못했고 교류협력이란 이름에 값할만한 본격적인 사업들은 2000년 남북정상회담 이후에 이루어졌다. 민간분야의 남북접촉을 보장할 정치적 환경이 마련되고 금강산관광이나 개성공단사업이 본격화하면서 다양한 민간분야의 접촉과 교류가 가능해졌다. 많은 국민들이 금강산관광으로 휴전선을 넘나드는 경험을 했고 개성공단을 통해 한국의 기업, 자본이 북한의 노동력과 토지를 활용하는 경제활동을 수행했다. 비교적 남북간 교류가 활발했던 2006-2007년 상황을 보면 지자체, 병원, 대학, 언론방송, 문화예술단체, 종교기관별로 독자적인 남북교류활동을 수행하거나 추진 중인 경우가 적지 않았다. 민간 주체의 특성상 규모가 크지 않고 지속성에 있어서 한계도 있었으며 종종 신뢰성의 문제를 수반하기도 했지만 정치적 상황이나 영리적 타산과는 다른 신뢰와 통합의 동력이 되었다.

남북관계가 진전되던 시기에 남북통합지수를 개발하려 한 것도 기본적으로 정치, 경제, 사회문화 영역의 통합이 병행적으로 이루어져야 한다는 시각에 기초하여 남북통합의 정도와 평화인프라의 수준을 객관화하려는 노력이었다.[4] 각 영역이 상호연동하면서도 독립적으로 변화하고 제도화와 법제화를 통해 지속가능성이 확보되는 정도에 비례해서 통합단계도 높아진다는 점을 보여주고자 했다. 점진론을 수용하

---

4   김병연, 박명규 외, 『남북통합지수 1989-2007』(서울대학교 출판문화원, 2009).

면서도 기능론적 접근의 한계를 보완하려는 노력이었는데 현실은 공고한 제도화에 이르지 못한 낮은 단계의 교류협력에 머무는 한계를 크게 벗어나지 못했고 결과적으로 모든 영역이 정치상황의 악화에 따라 위축되는 추이를 보이고 말았다.

하지만 그런 어려움 속에서도 부분적인 제도화가 진행된 사업들도 적지 않았다. 예컨대 북한과 보건의료협력을 추진했던 국내 의료기관들은 병원 신축, 기자재 지원, 지식전수 등 연관사업들을 여러 해 지속했다. 평양의 봉수교회와 칠골교회 재건을 주도한 기독교계나 장안사 재건을 추진한 불교계 등 종교계도 관련 협력사업을 다년간 추진했다. 연변과기대 설립의 경험을 바탕으로 평양과기대를 설립하고 학술교육지원사업을 추진한 교육협력사업도 국내외의 인적, 물적 지원에 힘입어 장기간 진행된 프로젝트였다. 국제고려학회를 중심으로 남북간 학술교류와 자료교환이 진행되기도 했고 일본군 위안부 문제가 국제적 관심사로 부상한 이후 남북여성간 행사도 이루어졌다. 남북경제문화협력재단과 북한의 저작권 사무국 사이에는 남북저작권관련협정이 체결되어 북한작가들의 작품과 북한매체의 영상자료 활용을 뒷받침했고 사단법인 남북체육교류협회는 중국을 통해 북한 4.25 체육단 소속의 축구, 탁구 등 대표팀의 전지훈련과 남북 축구친선경기를 여러 해 지속적으로 추진할 수 있었다. 남북간 문화이질화를 극복하고 언어통합을 확대시킨다는 목표하에 출범한 '겨레말큰사전' 남북공동편찬위원회는 2007년 한국 국회에서 '겨레말큰사전 남북공동편찬사업회법'을 통과시킴으로써 법적인 지원 하에 비교적 안정적으로 사업을 지속했다. 북한의 국보이고 유네스코 세계문화유산으로 등재된 고려왕궁 만월대 주변유적을 남북이 공동발굴하는 사업도 2007년부터 시작하여 12년간 지속되었다. 이 과정에서 2015년과 2016년 현장에서 금속활자 5점을 발굴했고 정령전을 비롯하여 고려 건국 당시의 건축유지를 확인하는 성과를 얻기도 했다.

남북 직접 교류 이외에 국제기구를 통한 사업도 꽤 활발하게 전개되었다. 국제기구나 국제단체는 정치상황으로부터 비교적 자유롭고 북한의 거부감도 상대적으로 약해 남북관계가 악화된 시기에도 지속적인 활동이 가능했다. 유진벨 재단, 에버트 재단, 한스 자이델 재단, 북한인권시민연합, SAM Care International, YWCA 등 여러 국제단체들이 북한의 결핵퇴치와 보건의료협력사업, 지식협력사업, 삼림 및 환경협력, 북한인권증진사업 등을 전개했다. 국제적으로 ODA 자원을 활용하는 개발협력 패러다임이 관심을 끌고 2011년 북한이 국가경제개발 10개년계획을 발표하면서부터는 세계식량계획, 국제보건기구, 유니세프, 유엔인구기금 등 국제기구가 참여하는 개발협력 사업이 중요한 비중을 점했다.[5] 캐나다의 UBC를 거점으로 북한의 경제분야 교수와 관료들을 초청하여 교육기회를 제공하는 지식협력사업도 다년간 진행될 수 있었다.

2022년 현재 소규모 민간차원의 협력사업은 말할 것도 없고 공신력 있는 기관들이 참여했던 지속형 프로젝트까지 중단되었다. 국제기

---

[5]   이경희, "북한과 유엔의 진화하는 협력게임", 『현대북한연구』 22권 2호 (2019)

구의 개발협력사업도 코로나 상황에서 제대로 진행되지 못하고 있다. 그 동력이 가까운 시일 내에 회복될 수 있을지도 장담하기 어려운 것이 사실이다. 하지만 그간의 다양한 교류협력 노력이 실패였다고 단정지을 일은 아니며 그 경험에서 얻은 자산은 언젠가 소중하게 활용될 수 있을 것이다. 단기적으로는 좌절하고 당대에는 무망해 보였지만 결국은 변혁의 동력으로 되살아나는 운동과 노력들이 역사에는 적지 않은데 특히 민간의 자발성에 바탕을 둔 경험은 마치 씨앗과도 같이 때가 되면 발아하고 열매를 맺는 잠재력을 지닌다. 다만 이 힘을 되살리기 위해서는 30년에 걸친 남북교류협력의 경험을 통해 개선해야 할 교훈을 확인하는 일도 게을리해서는 안 될 것이다.

지난 경험이 유용한 자산이 되기 위해서는 사회문화교류를 담당하는 주체들의 자율성과 책무성이 함께 강조될 필요가 있다. 사회문화영역의 활동은 기본적으로 민간의 다양한 주체들의 자발적 참여에 기초하는 것이고 그것을 존중해 주어야 역동성이 보장된다. 민간의 순수한 열정에는 이념적인 차이, 북한을 보는 시각의 차이, 활동방식의 편차가 적지 않을 수 있고 명분을 앞세워 투명성이 부족한 경우도 있을 수 있다. 민간부문의 자율성을 최대한 존중하되 책무성을 강화하는 활동으로 업그레이드되어야 하는 과제는 남북교류에만 해당되지 않는 시민운동 전반의 숙제이기도 하다. 이와 관련하여 사회문화 영역에서 남북교류에 참여하는 여러 주체와 사업들에 대한 효율적인 거버넌스를 구축하는 일도 큰 과제다. 북한에 민간이라 할 카운트파트가 부재하고 모든 과정이 정치적인 통제를 벗어나기 어려운 상황에서 다양한 민간

영역의 교류협력을 조율하는 일은 쉽지 않다. 북한은 민화협, 민경련, 조그련 등 여러 이름으로 남북교류의 담당창구 역할을 수행했지만 기본적으로 변형된 정부조직이었던만큼 민간의 자율성과 책임성이 부재했다. 한국은 민화협, 우리민족서로돕기운동, 남북나눔운동, 평화재단, 남북역사학자모임, 7대종단협의체 등 분야별로 협력과 조율의 노력이 없지 않았지만 주체별, 사안별, 영역별 분산성이 컸고 활동의 중복성과 모니터링의 어려움이 적지 않았다. 향후 사회문화 분야의 교류협력이 본격화될 경우 이런 문제를 보완할 새로운 거버넌스가 마련되어야 지속가능한 활동을 기대할 수 있을 것이다. 다양한 이해관계자가 관여되어 예측하기 어려운 남북관계인만큼 비정치적이고 비군사적인 사업에서 손실회피가 가능하고 사업의 명분과 자발적 참여가 가능한 틀을 제공함으로써 지속가능성을 높여야 할 것이다.[6]

3. 도전과 성찰

한반도에서 사회문화영역의 교류확대를 어렵게 만드는 요인은 안팎에서 커지고 있다. 비핵화를 향한 국제공조는 약화되었고 미중대립과 우크라이나 전쟁을 계기로 북-중-러 협력이 강화될 우려도 커지고 있다. 핵무력에 기초하여 서방세계와 강대강 대결을 지속하려는 북한의

---

6   임채선, 오동훈, 이재순, "남북교류협력사업의 지속가능요인 분석", 『도시행정학보』 33-4 (2020).

입장은 더욱 강화될 것으로 보이는데 그럴 경우 사회문화 분야의 교류협력은 단기간에 기대하기가 어려워진다. 김정은 체제 하에서 외부로부터의 정보유입을 체제이완을 가져올 핵심요인으로 간주하여 사상문화적 통제를 더욱 강화하고 있는 점을 고려하면 더더욱 남북간의 접점찾기가 쉽지 않아 보인다.[7]

중국이 조밀한 감시로 자국주의와 권위주의를 강화하는 현상도 남북간 교류협력의 접점마련에 부정적인 변수가 될 것이다. 그동안 남북간의 적지 않은 사회문화교류가 중국을 매개로 하거나 중국 내에서 진행되었던 것이 사실이다. 남북체육교류도 실상은 중국에서 이루어진 것이고 평양과학기술대학 프로젝트도 중국 연변을 거점으로 추진되었다. 남북간의 접촉과 회의도 중국이 포함된 3자형태를 활용한 경우가 많았는데 심지어 겨레말큰사전편찬사업조차 중국에서 주요한 회의와 활동이 전개되었다. 북한이 한국과의 직접교류를 꺼려하면서도 실질적으로는 중국을 통해 그 공간을 열어온 것으로 볼 수 있는데 민간분야에서 향후 지속적으로 이런 가능성을 기대하기는 어려울 것으로 생각된다.

한국사회 내부의 변화에서 기인하는 도전도 만만치 않다. 특히 한국사회 내부의 분열과 사회통합의 위기가 큰 문제다. 이번 대선과정에서 여실히 드러났지만 한국사회는 보수와 진보, 기성세대와 미래세대,

---

7 최근 뉴스보도에 따르면 북한은 '반사회주의 비사회주의적 행위와의 투쟁'을 계속 강조하면서 특히 외부로부터 유입되는 컨텐츠의 유포와 시청에 대한 처벌을 강화했다. 한국의 영상물을 시청하고 보유했다는 이유로 퇴학당하는 학생과 처벌되는 젊은층이 적지 않다는 소식도 계속된다. Daily NK News, 조선일보 등 관련보도 참조.

남성과 여성, 영남과 호남, 서울과 지방, 정규직과 비정규직 등 가히 모든 영역에서 대립과 긴장이 심각한 수준이다.[8] 같은 세대 내에서도 젠더와 계층, 경향간 차이가 심해지고 각자도생의 생존주의가 유일한 대응인 양 회자된다. 한국의 민주주의가 공고화되었다고 자랑하지만 정치적 대의제나 참정권 보장의 수준을 넘어 다양한 주체들 간의 공존과 타협을 일상화하는 총체적 생활원리로 자리잡지는 못했다. 현재의 분열과 갈등은 한국의 민주주의가 보다 높은 수준으로 업그레이드되어야 함을 알리는 경종인 셈이다.

혐오와 팬덤이 주요한 정치자원이 되는 감정정치의 대두도 우리 앞에 놓인 새로운 도전이다. 미국의 트럼프 현상이나 유럽의 극우정치의 부상에서 확인되는 현상이 더 이상 남의 일이 아니며 자기집단 중심주의가 타집단에 대한 배타적 공격과 혐오로 이어지는 집단감정의 정치화를 우리 주변에서도 보게 된다. 인터넷과 SNS로 이루어지는 새로운 정보환경이 팩션 중심의 확증편향을 가속화하고 합리적 소통이나 정치적 올바름에 대한 심각한 회의를 확산시키는 모습은 더 이상 낯선 외국의 소식이 아니다. 남북관계는 체제의 이질성, 전쟁이 남긴 적대성 등 다양한 모순이 중첩되어 있어서 전쟁과 평화, 분단과 통일, 주체와 동맹 등 여러 쟁점마다 감정정치의 유혹으로부터 자유롭지 못하다. 북한문제를 둘러싼 진보와 보수간의 남남갈등이 내부의 사회통

---

[8] 한국의 갈등지수는 OECD 국가중 3위로 평가되었지만 최근 영국 킹스칼리지의 조사보고서에서는 세계 최고의 갈등수준을 보이는 국가로 언급되었다는 보도가 나오는 정도. 그 순위 자체보다도 한국이 사회통합에 큰 어려움을 겪는 국가가 되었음을 반영하는 것에 주목할 필요가 있다.

089

IV. 한반도 평화와 사회문화 통합: 2022년의 도전과 기회

합을 해치고 혐오를 동반하는 감정정치를 더욱 강화할 수 있음을 주의해야 할 것이다.

통일이라는 꿈이 약화되는 현상도 주목해야 할 변화이자 도전이다. 한국의 근대사는 집단적인 꿈을 매개로 에너지가 결집되고 공동의 목표를 성취해온 역동성을 특징으로 한다.[9] 미래가 닫힌 식민통치 하에서도 민족해방의 꿈을 놓치지 않았고 전쟁으로 피폐해진 폐허에서도 경제성장의 꿈을 기적처럼 이룩했다. 국내외의 회의적 시선과 많은 장애를 뚫고 민주주의의 꽃을 피웠고 '산업화는 늦었지만 정보화는 앞서가'는 디지털 강국으로 발전했다. BTS로 대표되는 K-Pop과 문화 컨텐츠의 힘이 전세계로 확대된 것도 새로운 꿈을 꾸는 자들이 있기 때문에 가능한 일이다. 하지만 양극화가 심해지고 사회이동이 둔화되면서 집합적으로 함께 공유될 수 있는 꿈은 점점 사라지고 각자도생의 생존주의와 경쟁주의가 강화되고 있다.[10] 대학입시와 취업시험, 스펙쌓기를 향한 치열한 경쟁이 일상화되어 있지만 그것이 창의적 심성이나 공감능력의 함양, 공동체적 가치공유로 이어질 가능성은 크지 않다. 국제비교연구에서는 한국이 돈을 가장 중시하는 사회이면서 관용과 협력의 역량이 낮은 것으로 나타났는데 그것 역시 각자도생의 가치관이 반영된 것이라 할 것이다.[11] 젊은 세대의 통일에 대한 기대감이 현저히 낮아지는 현상도 그런 결과의 하나일 것이다.

---

9   박명규 김홍중 편, 『꿈의 사회학』 (다산, 2018).
10   김홍중, 『마음의 사회학』 (문학동네. 2009).
11   PEW research의 조사보고서.

대전환의 한반도, 통합으로 통일을 연다

한국사회에서 긍정적인 가치로 간주되어온 민족감정이 여러 문제를 동반하고 있는 점도 진지하게 대응해야 할 과제다. 점점 더 민족은 세대, 계층, 젠더, 종교와 더불어 고려되는 여러 범주 중 하나로 그 비중이 달라지고 있다.[12] 같은 민족이라는 의식이 공동체 통합의 주요한 자산이 될 수도 있지만 다양한 혈통이 함께 사는 다문화사회로 변모하는 한국사회에서는 민족이란 범주가 차별과 배제의 기호가 될 수 있다. 북한의 민족상 상이 김일성 김정일주의로 변색되고 우리민족끼리라는 구호는 정략적인 명분으로 변질된 바가 커서 남북간에도 민족을 매개로 정서적으로 통합될 힘이 크게 약화되었다. 종합적으로 볼 때 민주주의 원리와 민족문제 해결이라는 두 가치를 어떻게 결합할 것인지를 묻는 시대적 도전을 마주하고 있는 것이다. 다양성과 상호소통을 존중하는 민주주의적 가치와 남북관계 화해협력의 과정이 결합되지 않으면 젊은 세대의 관심이반은 가속화할 것이다. 독일이 무혈의 평화통일을 이룬 비결은 민족의 힘을 강조해서가 아니라 민주적 통합과 유럽연합의 정신을 훈련했기 때문이었음을 상기할 필요가 있다.[13] 분단국가로서 민족정체성과 민족의식이 여전히 소중한 변수가 됨을 인식하면서도 그것을 민주주의 원리로 업그레이드하고 유연한 통합역량으로 발전시키는 것이 중요한 과제이자 도전으로 다가오고 있다.

---

12 박명규, "민족의식과 통일의식" 『남북경계선의 사회학』2부 (창비, 2012) 참조.
13 박명규, "민족론과 통일론: 독일과의 비교" 『남북경계선의 사회학』 4장 (창비, 2012) 참조.

4. 기회와 준비

중장기적으로 볼 때 현재의 적대적 분단체제는 바람직하지 않을 뿐 아니라 지속가능하지 않다. 단절은 불신과 대립을 강화하고 그것은 남북 모두에게 분단비용을 키우고 높은 기회비용을 치르게 할 것이다. 자칫 군사충돌이 발발하면 전면적 결핍경제 하의 북한은 말할 것도 없고 개방사회인 한국도 코리아리스크로 인한 심대한 타격을 피할 수 없다.

또한 적대적 대립을 계기로 한반도에 작용하는 주변강대국, 특히 미국과 중국의 원심적 개입이 커져 구조적 불안을 증대시킬 것도 충분히 예상된다. 분단국가인 남북한은 적대적이면서도 우호적이어야 하는 이중적 관계를 본질로 하며 갈등 속에서도 타협하고 공존할 역량을 키워야 하는 관계다. 일방적인 대북지원이나 무분별한 민간협력, 섣부른 통일운동 등이 보여준 한계를 넘어서면서도 적대성과 불신감에 의존하는 남북관계는 심대한 기회비용과 발전잠재력의 감소를 초래할 것임도 명심해야 한다. 국제재제의 상황 속에서도 허용가능한 인도적 지원의 공간을 적극적으로 활용하면서 한반도를 지속가능한 평화국면으로 이끌어가는 노력은 매우 중요하다. 북한도 당장의 체제위협을 염려하지 않고 한국도 퍼주기 정쟁으로부터 벗어날 수 있는 새로운 남북간 교류협력, 화해평화의 길을 모색할 필요가 있다.

코로나 19 상황과 관련한 보건의료부문의 협력가능성이 우선적으로 주목된다.[14] 지난 2년여 기간 전세계는 감염병으로 인한 보건위협이 전통적인 안보위협 이상으로 치명적일 수 있음을 절감하고 있다. 특히 의료인프라가 취약한 북한은 최우방인 중국과의 국경조차 닫아걸 정도로 그 위험을 크게 느끼고 있다. 하지만 형체가 없는 바이러스의 급속한 확산을 고립과 폐쇄로 대응하는 것은 근본적으로 불가능하다. 같은 생태계에 속한 한반도에서 어느 한편의 방역위기는 곧 다른 편의 위협이 될 개연성이 높다. 그동안 남북한은 각기 다른 방식으로 코로나 위협에 대처해왔지만 유사한 위기가 앞으로도 재연될 가능성이 적지 않다는 전문가들의 경고를 고려하면 중장기적인 대응태세의 마련은 남북한 모두에게 절실한 과제라하겠다. 남북간에는 그동안 감염병과 인수공통전염병과 관련한 협력방안이 논의된 적이 있고 극히 부분적이지만 관련 물자의 지원과 정보교류가 이루어지기도 했다. 그 가능성의 공간을 적극적으로 확장하면서 미래를 대비하는 노력이 경주되어야 한다. 보건의료분야의 협력은 일시적이거나 이벤트성 사업으로는 불가능하고 일시적인 정치적 약속만으로 이루어질 수도 없다. 트랙2 차원의 민간인과 전문가의 적극적 참여가 보장되고 지속가능성이 확보되는 협력체계가 마련되어야 한다. 2018년 아프리카 돼지열병의 사례에서 보듯 이미 감염병은 남북 접경지대를 통해 서로에게 영향을 미칠 수 있음을 보여주었다. 한반도를 하나의 생명공동체, 건강공동체, 생태공동체로 유지, 발전시켜나가기 위해 공공성이 뚜렷

---

14   나용우, "코로나19시대 남북보건의료협력의 조건과 과제: 지속가능한 남북관계를 위한 출발", 『평화와 종교』 제11호 (2021).

한 주체들과 전문성이 담보된 트랙2의 협력체계를 근간으로 그 가능성을 열어가야 할 것이다.[15]

유사한 맥락에서 다양한 재난협력의 필요성과 가능성도 새로운 접점이 될 수 있다. 기후변화와 환경위기에서 보듯 오늘날 지구공동체는 조밀하게 연결되어 한 지역의 자연재해나 사회재난이 다른 지역에도 심대한 영향을 미친다. 인접국가는 더욱 그러한 재난공동체, 위험공동체가 될 확률이 높고 한반도의 남북한은 전형적으로 그런 관계에 해당된다. 남북간에는 북한강, 임진강 등 공유하천의 수해, DMZ 등 접경지대의 산불, 산림 농경지의 병충해 등 재난협력의 사안들이 적지 않다.[16] 최근 빈발하는 대형산불의 경우 소방용 헬리콥터의 투입이 절실하지만 접경지역은 이에 필요한 협력체계가 마련되어있지 않고 그 영향은 남북한 모두에게 미친다. 지진과 화산폭발, 대형 사고가 미칠 영향에 대해서도 공동의 대응체계가 필수적이다. 북한도 2014년 '재해방지 및 구조 복구법'을 제정하고 큰물, 폭우, 태풍, 해일, 지진, 화산 활동 같은 자연재해와 산사태, 건물과 시설물 붕괴, 전략 교통, 통신, 상하수도망의 마비, 환경오염, 전염병 등에 대한 대비를 강조하고 있는 만큼 이에 대한 필요성은 인지하고 있다고 할 수 있다.[17] 그동안 간헐적으로 재난이 발생한 후 복구단계에서의 협력이 논의되었다면 앞

---

15 전우택 외, 『한반도 건강공동체 준비』(박영사, 2018).

16 박훈민, "남북한의 재난대비 분야 행정협력의 가능성과 그 공법상의 문제에 대한 소고", 『행정법연구』 제61호 (2020).

17 김미자, "북한의 환경정책과 남북한 환경협력 강화방안", 『환경정책』 제23권 3호 (2015).

으로는 포괄적인 재난협력을 위한 상호 정보교환과 필요한 지식공유, 대응 매뉴얼의 공유가 이루어지도록 할 필요가 있다. 만성적 식량난을 해결하기 위한 인도적 식량지원이나 비료지원과 같은 사업도 이런 재난협력의 틀 속에서 접점을 찾아볼 수 있을 것이다.

또 하나 주목할 부분은 국제적인 차원에서의 SDGs 협력 가능성이다. 유엔은 2000년부터 새천년개발목표(MDGs)를 통해 인간개발과 사회발전 중심의 양자 및 다자 공적개발원조를 추진했다. 이어 2015년부터 이를 확대한 지속가능발전목표(SDGs)를 설정하고 사회개발과 경제개발, 환경의 지속가능성, 평화와 안보를 아우르는 포괄적인 국제협력을 추진 중이다. 북한은 2005년 평양주재 국제기구 사무소들의 퇴거를 요구하기도 했고 여전히 투명성의 한계를 보이고 있지만 2007년 이후 국제기구들의 환경, 보건, 인구 등의 영역에서 지식공유나 협력은 진행되었다.[18] 특히 2015년 유엔이 전지구적 차원에서 일자리 증진, 기후변화 대응 등 다양한 발전가치를 강조하는 SDGs를 추진하자 북한도 이에 적극 호응한 바 있다. 북한이 최근 제출한 자발적국가이행보고서 (VNR)는 '인간', '지구', '번영', '평화', '파트너십'의 5P로 구성된 총 17개 목표에 대해 북한 나름의 관심과 노력을 기울이고 있음을 보여준다.[19] 여전히 북한식 해석과 변형이 뚜렷하고 자폐적인

---

18   박지연,문경연,김은영,조동호, "국제사회의 개발협력 패러다임과 북한개발협력: 새천년개발목표 (MDGs)와 지속가능개발목표 (SDGs)를 중심으로," 『아태연구』 제23권 2호 (2016).

19   최규빈, "북한은 무엇을 원하는가? SDGs 이행동향을 중심으로", 한반도평화연구원, 『〈한반도 평화로 가는 새 걸음〉한반도 평화의 증진 모색: 남북관계와 국제정치 차원』 특별포럼 자료집 발제문 (2022).

반응이 강하지만 모든 나라가 함께 추구해야 할 보편적 가치를 중심으로 새로운 접점을 찾을 기회를 살려야 한다. 국제적으로 중요한 사안이 되어 있는 북한인권문제도 이런 국제협력의 틀을 활용할 수 있을 것이다. 북한인권은 결코 소홀히 할 수 없는 주제이지만 현실적으로는 남북간의 갈등을 심화시킬 수 있는 민감한 사안이기도 하다. 국제적 인권운동과 북한인권운동의 유기적 협력을 통해 갈등을 최소화하고 실질적인 인권증진을 꾀할 길을 찾을 필요가 있다.

점점 더 커져가는 문화컨텐츠의 영향력이 남북관계에 어떤 기회와 접점을 제공할지도 관심을 갖고 대비해야 할 사안이다. 한국사회의 역동성과 글로벌한 상상력을 결합한 K-Pop이나 한국영상물은 이미 전 세계에 강력한 영향력을 행사하고 있고 특히 언어소통에 어려움이 없는 북한사회에 미칠 잠재력이 매우 크다. 최근 북한에서 자본주의 황색바람에 대한 경계가 강화되고 외부의 문화영상물을 소지하거나 유포하는 행위에 가혹한 통제를 가하고 있지만 그런 현상 자체가 역설적으로 디지털 문화의 확산을 완전통제하기 어려운 북한의 고민을 보여준다. 1989년 임수경의 북한방문이 당시 북한 청년들에게 엄청난 충격을 주었다는 연구[20]나 최근 북한 청년층을 중심으로 한국의 문화콘텐츠가 확산되고 있다는 소식 등을 고려할 때 문화역량의 확산이 한반도 평화와 통합에 기여할 수 있는 때를 준비하는 것도 중요하다.

마지막으로 탈북자의 정착과 시민으로의 성장을 돕는 총체적 지원

---

[20]　김윤희, "북한에서 '임수경현상'과 도전받은 집단주의", 『아세아연구』 65-1, (2022).

정책의 중요성을 언급하지 않을 수 없다. 최근은 그 숫자가 현저히 줄어들었고 국내의 관심도 약화되었지만 여전히 34000여명에 달하는 북한이탈주민은 남북관계의 미래를 보여주는 시금석과 같은 존재다. 탈북현상이 급증하던 초기와는 달리 현재 이들을 바라보는 우리 사회의 시선도 많이 변했고 다원화되는 한국사회에서 외국인 정주자나 다문화정책과의 연계성을 강조하는 정책상의 변화도 뚜렷하다. 이들과 그 자녀가 한국사회 내에 자긍심을 갖는 시민으로 통합되는 것이 특히 중요한데 이 쟁점 역시 같은 동포라는 민족의식만으로는 해결되지 않는다. 다양성과 이질성을 인정하면서 민주적인 소통과 배려가 작동하는 공동체적 통합, 함께 사는 사회를 구현하려는 노력이 보다 강력하게 전개되어야 할 것이다.[21]

5. 마무리와 제언

2022년의 시점에서 한반도의 지속가능한 평화를 구현하고 미래의 통일을 뒷받침할 통합력을 증진시키기 위해서는 정치, 경제, 사회문화의 모든 영역에서 혁신적 대응을 준비해야 할 것이다. 사회문화영역과 관련하여 최소한 다음 네 가지 점을 주목할 필요가 있다고 생각한다.

　첫째는 한반도 평화를 최우선의 가치로 하는 대원칙의 확인이다.

21　김성경, "북한출신자와 사회만들기" 『문화와 정치』 5권 1호, (2018).

남북관계에서 평화를 유지하는 것은 선택가능한 정책목표 중 하나가 아니라 우리의 생존을 보장할 필수적 목표다. 평화는 통일 대신 쉬운 현상유지책을 선택하는 것이 결코 아니며 오히려 문명적 차원의 발본적인 가치임을 자각해야 한다. 평화없이는 발전도 통일도 기대할 수 없고 젊은세대의 더 나은 미래도 기약할 수 없다. 한미동맹을 강조하고 안보역량을 강화하는 것이 중요하지만 동시에 정전체제 이후를 준비하는 적극적 평화형성 노력도 진지하게 추구해야 한다. 남북관계에 대한 한국정부의 변함없는 관심이 항구적이고 지속가능한 평화의 실현이라는 사실을 북한은 물론이고 주변국가와 세계공동체가 인식할 수 있도록 일관된 원칙을 견지하는 것이 매우 중요하다.

둘째는 평화에 대한 포괄적 접근이 절실하다. 평화는 정치협상으로만 이루어지지 않고 민간교류만으로도 달성되지 않는다. 선이후난을 내세운 기능주의적 접근과 어려운 쟁점타결을 우선시하는 정치주의적 접근의 이분법을 넘어 정치, 경제, 사회문화 영역의 동시적이고 병행적인 접근을 추구해야 한다. 여러 관련 사안별로 정책을 조합하는 방식은 다양할 수 있고 또 유연한 선후조절로 가능성을 열어가는 것이 정치의 몫이지만 다양한 사회문화영역의 교류협력을 보장하는 포괄적 로드맵을 수반해야 할 것이다. 당연히 정부당국자의 주도성 못지않게 민간의 자율성과 자발성이 평화프로세스에 참여할 기회가 마련되어야 한다. 이것은 평화를 실질적인 것으로 만드는 요건인 동시에 한반도 평화가 인류평화, 문명적 평화와 함께 가기 위한 원칙이기도 하다.

셋째로는 장기적이고 지속적인 대응을 준비하는 긴 호흡이 필요하다. 원칙적이고 포괄적인 평화정책이 가까운 시일 내에 큰 성과를 거두기를 기대하기는 쉽지 않다. 정권교체기마다 나타나는 과시주의나 한방주의의 유혹에서 벗어나 긴 호흡으로 한반도 평화의 기초를 닦을 각오를 해야 한다. 그렇다고 장기적인 고려가 평화를 후순위로 미루어도 좋다는 뜻이 아니며 평화우선론이 어려운 난제를 우회하는 편의적 정책이 아님도 두말할 필요가 없다. 평화로 가는 길목에 여러 층위의 어려움이 놓여 있다는 것, 하루아침에 한 방으로 해결되지 않는 지속적인 노력이 필요하다는 것, 타협과 양보도 필요하지만 때로는 견결한 대결과 가치수호를 위한 희생도 감내해야 한다는 것을 확인하면서 평화구축의 문명적 무게감을 감당할 장기적인 준비를 해야 한다.

끝으로 한반도 평화는 우리 스스로에 대한 성찰성에 기반해야 한다. 평화구축역량은 먼저 우리 내부에서 확대되어야 하고 사회통합을 해치는 여러 문제들에 대한 진지한 개선노력을 기울여야 한다. 특히 남남갈등이라 불리는 이념적 대립이 높은 수준의 통합원리로 조율되고 건강한 정책논쟁으로 전환될 수 있어야 할 것이다. 뿐만 아니라 세대간, 젠더간, 계층간, 지역간 갈등이 사회를 분열시키고 디지털 환경의 진전과 함께 집단감정이 혐오정치로 이어지지 않도록 해를 써야 할 것이다. 이것은 결국 민주적 통합원리를 사회적으로 고양시키는 과제로 연결되는데 민주주의의 질적성숙이 한반도 평화를 위해서도 필수적임을 깨닫는 일이기도 하다. 어려운 시대일수록 한반도 평화의 중요함을 새롭게 확인하고, 원칙적이고 포괄적이며 장기적이고 성찰적인 대응역량을 키워나가야 할 것이다.

참고문헌

김미자. (2015). 북한의 환경정책과 남북한 환경협력 강화방안. *환경정책, 제23권 3호.*

김병연, 박명규 외. (2009). *남북통합지수 1989-2007.* 서울대학교 출판문화원.

김성경. (2018). 북한출신자와 사회만들기. *문화와 정치, 5권 1호.*

김윤희. (2022). 북한에서 '임수경현상'과 도전받은 집단주의. *아세아연구, 65-1.*

김홍중. (2009). *마음의 사회학.* 문학동네.

나용우. (2021). 코로나19시대 남북보건의료협력의 조건과 과제: 지속가능한 남북관계를 위한 출발. *평화와 종교, 제11호*

박명규. (2010). *평화인문학, 평화인문학이란 무엇인가.* 아카넷.

박명규. (2012). *남북경계선의 사회학.* 창비.

박명규, 김홍중 편. (2018). *꿈의 사회학.* 다산.

박지연, 문경연, 김은영, 조동호. (2016).국제사회의 개발협력 패러다임과 북한개발협력: 새천년 개발목표 (MDGs)와 지속가능개발목표 (SDGs)를 중심으로. *아태연구, 제23권 2호.*

박훈민. (2020). 남북한의 재난대비 분야 행정협력의 가능성과 그 공법상의 문제에 대한 소고. *행정법연구, 제61호.*

서울대 통일평화연구원. (2022). 통일의식조사 2021 보고서.

이경희. (2019). 북한과 유엔의 진화하는 협력게임. *현대북한연구, 22권 2호.*

이상근. (2015). 안정적 평화 개념과 한반도 적용가능성. *한국정치학회보, 49-1.*

임채선, 오동훈, 이재순. (2020). 남북교류협력사업의 지속가능요인 분석. *도시행정학보, 33-4.*

전우택 외, (2018). *한반도 건강공동체 준비.* 박영사.

최규빈. (2021). 북한의 SDGs 이행 동향: *'자발적 국별 리뷰(VNR)'* 보고서 내용을 중심으로. *통일연구원*

한반도평화연구원. (2022). 한반도 평화로 가는 새 걸음. 한반도 평화의 증진모색: 남북관계와 국제정치 차원. 특별포럼 자료집 발제문.

대전환의 한반도,
통합으로 통일을 연다

특별 부록

2030 청년
통일인식조사 및 대토론회
결과보고서
- 요약

이 보고서는 본 재단의 지원으로 2030 청년 통일인식조사와 청년통일 대토론회를 수행한 서울대 사회발전연구소에 의해 작성되었다. 보고서 원문의 양이 방대하여 이 책에는 요약본 만 게재하였다. 원문은 본 재단의 웹사이트에서 확인할 수 있다. (www.tongnastory.com)

1. 서론

1.1. 조사의 배경과 목적

- 우리에게 통일은 매우 중요해서 고민할 필요도 없는 당위에 속하는 주제이거나 너무 익숙해서 관심에서 멀어진 문제이다. 그리고 통일에 관한 입장의 차이는 세대별로 달라진다(서울대 통일인식조사 2022).

- 통일을 중요하게 생각하고 민족적 과제라고 여기는 사람들은 북한을 적으로 교육받고 자란 중년 이후의 세대에 속할 가능성이 큰데, 이들은 통일이 지상과제임에는 동의하나 그 방법론에서 이념적 지향에 따라 세대 내 첨예한 대립을 보여준다.

- 통일에 상대적으로 무관심한 사람들은 경직된 이념 교육으로부터 자유로운 민주화 이후 젊은 세대에 속할 가능성이 큰데, 이들은 북한을 적으로 여기지 않을뿐더러 통일이 아무리 중요해도 그것이 국가 경제와 민주주의가 우선이라는 의견을 표출하곤 한다.

- 대북 관계와 통일에 대한 의견의 세대 간 두드러진 차이는 언론에서

활발하게 벌어지는 통일 필요성과 방법론 논쟁이 청년세대의 현실 인식과 이해를 반영해 구성되었다기보다는 기성세대 내의 이념 대립으로 조각되었을 개연성이 크다. 청년세대가 실제 남북관계와 통일, 그리고 영구적 평화 체제에 대해 어떻게 생각하고 있으며 세대 내에 다양한 목소리들이 어떤 형태로 얼마나 존재하는가에 대해 충분히 알려진 바가 없다. 이 조사는 청년세대 내 다양한 의견을 파악하여 논쟁의 중심으로 가져와, 통일 논의를 미래지향적으로 전환해야 한다는 문제의식에서 출발한다.

- 성균관대학교 서베이리서치센터의 한국종합사회조사 2003-2020과 서울대학교 통일평화연구원의 통일인식조사 2010-2022를 보면, 지역 간, 이념 성향 간, 세대 간, 교육수준별, 소득분위별 북한에 대한 인식, 통일 필요성, 통일 방안, 평화체제에 대한 입장의 차이가 분명하게 드러난다(김석호 2021). 이러한 차이는 거의 모든 세대에 걸쳐 나타난다.

- 그렇다고 이러한 집단 간 차이를 좁히려는 노력이 활발하게 진행된 것도 아니다. 사실 우리 국민은 통일 관련 논쟁에 대해 익숙하지만, 이 익숙함이 통일에 대한 논의들을 숙지했음을 의미하지는 않는다. 국민이 직접 학습하고 토론하는 기회, 즉 공론장이 활성화된 적도 없다. 유력 정치인이 방법론을 제시하면 국민은 그의 신념에 따라 통일론을 지지하거나 반대했던 것이 전부다. 특히 이러한 전근대적 정치 동원에 바탕을 둔 통일 담론 지형은 기성세대에서 두드러진다.

- 문제는 남북관계의 변화나 통일 시대의 갑작스러운 도래와 같은 구조적 변동의 영향을 받는 사람들은 우리가 보통 청년이라 부르는 미래세대라는 점이다. 즉 통일의 사회경제적 결과를 감당해야 할 미래세대의 운명이 기성세대의 결정에 따라 좌지우지되는 상황은 문제가 있다.

- 우리는 미래세대가 남북관계와 통일에 대해 어떤 생각을 하며 그들의 입장은 무엇이고, 그들 내부에서 다양한 의견들은 얼마나 존재하는지

에 대해 공론장에서 진지하게 다뤄본 적이 없다.

- 이 상황이 지속된다면, 통일이 눈앞의 현실이 되건 요원해지건 상관없이 기성세대가 경험한 반목과 혐오가 미래세대에서도 반복될 수밖에 없다. 기성세대의 실패가 그들의 미래세대 이해와 의견에 대한 경시로 인해 미래세대의 실패로 되풀이될 가능성이 크다.

- 이제라도 통일에 대한 미래세대의 다양한 입장을 파악하고 그들 내부에서 대화를 통해 우리 민족이 번영할 수 있는 방향과 방안은 무엇인지 토론하고 협력할 수 있는 판을 깔아줘야 한다. 이 조사의 목적은 미래 통일 한국의 모습이 어떠해야 하며 이를 위해서는 어떤 과정을 거쳐야 하는가에 대한 미래세대의 목소리를 들어 장기적 관점에서 통일에 대한 공론화의 초석을 다지려는 것이다. 궁극적으로 예고 없이 찾아올 수 있는 통일 국면에서 갈등을 최소화하고 다수가 수용할 수 있는 통일과 평화의 해법 마련이 가능할 수 있을 것이다.

1.2. 통일 공론화의 의미와 기대 효과

- 한국 사회에서 통일에 대한 공론화가 공론조사나 토론회의 형식으로 공개적으로 진행된 적은 없다. 하지만 통일만큼 다수의 국민이 익숙하게 느끼고 제시할 수 있는 주제도 없을 것이기 때문에, 이러한 공유된 감각은 공론화를 위한 최적의 조건을 제공한다. 국민이 의제에 대해 일정 수준으로 학습된 상태에서 토론에 참여할 수 있기 때문이다. 이는 토론 결과의 효율성과 효과성을 높인다.

- 좋은 공론화의 요건은 많다. 그중에서도 다음의 조건들을 충족하는 공론화가 좋은 공론화라 할 수 있다. 첫째, 이해관계자의 폭넓은 참여가 보장되어야 한다. 통일은 미래세대의 운명을 결정할 중요한 주제이다. 미래세대의 참여 없는 통일 공론화는 무의미하다. 자신들의 운명을 결

정할 선택 과정에서 그들이 배제된다면 공론화 결과를 수용할 리 없기 때문이다.

- 둘째, 현대사회서는 사회변동은 빨라지고 사회적·경제적·정치적 문제는 중층적이고 복합적인 특성을 가진다. 동시에 정책과 관련된 공론화 의제는 갈수록 전문화되기 때문에 참여자들은 이에 대한 지식과 정보에 접근하기 쉽지 않으며, 반드시 학습의 과정을 거쳐야 한다. 학습된 지식이 없는 조건에서 이루어지는 토론은 오히려 갈등을 더 부추길 수 있다.

- 셋째, 서로 다른 입장과 의견을 가진 다양한 사람들이 능동적인 상호 토론 기회의 제공이 중요하다. 심의민주주의의 핵심적 속성인 공적 대화는 공공 이해에 부합하는 의제가 가진 가치의 재정의가 발생하는 중요한 계기일 수 있다. 우리의 운명을 결정할 중요 정책 과정에서 되도록 다양한 목소리가 다루어지게 하는 것은 궁극적으로 정책의 효과성과 수용성을 높인다.

- 넷째, 절차의 공정성과 투명성의 확보가 중요하다. 절차적 공정성과 투명성은 이해관계자의 적극적 참여를 촉진하고, 이는 정책 수립과 수행의 안정성을 높여준다. 이 기준으로 보았을 때 미래세대에 의한 통일 공론화는 지금까지 공론장에서 소외된 집단의 참여를 보장하므로 통일 담론장에서 새로운 시각이 충분히 다루어질 조건을 제공한다.

- 마지막으로, 공론화 과정 참여자들의 인식과 태도, 그리고 입장을 파악하기 위한 공론화의 일반적 형태인 토론회, 서베이, 심층면접 등과 더불어 참여자 집단 전체의 의견을 묻는 서베이가 필수적이다. 공론화 참여자들의 생각과 전체 집단의 생각이 어떤 과정을 통해 어떻게 달라지는가에 대한 자료를 확보하는 일은 공론화 효과를 검증하는데 유용하다.

- 이 조사는 미래세대의 통일 인식과 입장을 파악하기 위해 상술한 모든

방법을 동원한다. 따라서 본 조사는 통일과 평화로 가는 길에서 그 중심이 될 청년들의 목소리를 서베이, 토론회, 집단초점면접 등을 통해서 듣고 이를 통계분석, 내용분석, 텍스트마이닝 등의 기법을 통해 심층적으로 분석하여, 미래세대 내부의 대화를 촉진함과 동시에 기성세대가 미래세대의 마음을 이해하는 기회로 삼고자 한다. 미래세대의 통일에 대한 인식과 태도에 대한 정확한 이해는 우리가 한 번도 해본 적이 없는 통일로 가는 여정에 있어 기성세대와 미래세대가 대화의 시작을 알리는 계기가 될 것으로 기대한다.

1.3. 조사 내용 및 방법

- 본 토론회는 2030 세대의 대북 인식과 통일관을 조사하는 것을 목적으로 한다. 이를 위해 1) 전국 1,000명 대상의 온라인조사, 2) 숙의 과정 및 인식 변화를 확인할 수 있는 토론회, 3) 토론회 이후 심층 내용을 파악하기 위한 FGI를 병행하여 진행하였다.

- 먼저 토론회를 진행하기 전에 전국 1,000명의 2030 청년을 대상으로 2030 세대의 현실 인식, 북한과 통일 대북인식에 대한 조사를 실시하였다.

- 이후 토론회에 참여할 100명의 토론단을 모집하였다. 2030 청년 토론단은 온라인조사에 참여한 1,000명에서 선정하는 것이 바람직하나, 수도권 표본의 크기가 충분하지 않으므로 토론단 모집은 별도로 진행하였다.

- 100명의 토론단은 수도권에 거주하는 만 20세~39세 청년을 대상으로 1) 휴대전화 RDD를 활용한 모바일 웹 조사, 2) 온라인 홍보 방법을 병행하여 모집하였다.

- 토론단은 성·연령별로 후보군을 2배수 이상 충분히 확보하는 것을 목

표로 하였으며, 모집 결과 최종 3배수 가량인 292명의 참여의향자를 확보하였다.

- 292명을 대상으로 참석 의사를 재확인하고, 재확인 과정에서 불참 의사를 밝힌 표본에 대한 추가 모집을 진행하여 109명의 토론단을 선정하였다.

- 하지만 이후로도 토론회 시작 직전까지 4명의 취소자가 발생하여 토론회에는 105명이 참석하였으며, 이 중 5명의 예비 인원을 제외한 100명의 토론단이 토론회에 최종 참여하였다. 토론회는 12월 17일 토요일 10시부터 18시까지 진행되었다.

- 토론회 참석 전에 토론단을 대상으로 해당 의제들에 대한 1차 사전 조사를 실시하고, 전문가 발표와 질의응답, 토론회까지 모두 참여한 이후 2차 사후 조사를 수행하였다.

- 토론회 이후에는 2차례에 걸쳐 총 14명(7명x2그룹)에 대해 FGI(Focus Group Interview)를 진행하였다. FGI를 통해서는 대북인식에 영향을 미치는 요인, 인식 변화의 원인, 개선요인 등 보다 심도 있고 심층적인 내용을 살펴보았다.

- 온라인조사, 토론회, 사전사후조사, FGI에 이르기까지 일련의 과정을 통해 본 연구진은 청년 토론단이 심도있게 고민할 수 있는 토론의 장을 마련하고 토론 이후에 토론단의 인식과 태도에 어떠한 변화가 있었는지 다각도로 살펴보고자 하였다. 또한 2030 청년 토론단이 세부 의제들에 관해 바라는 점이 무엇인지 파악하고자 하였다.

2. 조사 과정

2.1. 전국 1,000명 대상 온라인조사

2.1.1. 조사 설계

<표 Ⅱ-1> 조사 설계

구분	내용
목표 모집단	▶ 전국에 거주하는 만 20세~39세 남녀
조사 지역	▶ 전국
목표 표본 수	▶ 1,000명
완료 표본 수	▶ 1,000명
표본 추출	▶ 성, 연령, 지역별 비례 할당 - 2022년 10월 말 행정안전부 주민등록 인구통계기준
조사방법	▶ 온라인 웹 조사
조사기간	▶ 2022년 11월 14일~11월 21일

2.1.2. 조사 진행

- 전국 1,000명 대상 조사는 휴대전화 또는 PC를 활용한 온라인 웹 조사 방법으로 진행되었다.

- 온라인조사 패널로 등록된 2030 청년을 대상으로 온라인 설문 메일을 발송하였으며, 패널이 조사 URL에 접속하여 설문조사에 참여하는 방식으로 진행되었다.

2.1.3. 응답자 표본 특성

- 본 조사의 표본 구성은 기본적으로 성별, 연령별, 거주지역별 인구 분포에 따라 할당하여 구성하였다.

- 남자가 521 표본으로 52.1%를 차지하고 있으며, 여자는 479 표본으로 47.9%를 차지하였다. 연령별로 보면, 20대는 49.4%, 30대 50.6%

등의 분포를 보였다.

<표Ⅱ-2> 응답자 표본 특성

구 분		사례수	구성비(%)	구 분		사례수	구성비(%)
전 체		1,000	100.0	전 체		1,000	100.0
지역별	서울	216	21.6	성별	남자	521	52.1
	부산	61	6.1		여자	479	47.9
	대구	44	4.4	연령 (10세 간격)	20대	494	49.4
	인천	60	6.0		30대	506	50.6
	광주	29	2.9	연령 (5세 간격)	20-24세	229	22.9
	대전	30	3.0		25-29세	265	26.5
	울산	21	2.1		30-34세	249	24.9
	세종+충남	45	4.5		35-39세	257	25.7
	경기	277	27.7	정치 성향별	진보	224	22.4
	강원	25	2.5		중도	577	57.7
	충북	29	2.9		보수	199	19.9
	전북	29	2.9	정치 관심도	관심 있음	512	51.2
	전남	27	2.7		관심 없음	488	48.8
	경북	41	4.1	지지 정당 유무	있다	261	26.1
	경남	54	5.4		없다	739	73.9
	제주	12	1.2				

2.2. 토론단 선정을 위한 모집 조사

2.2.1. 조사 설계

<표 Ⅱ-3> 조사 설계

구분	내용
목표 모집단	▶ 수도권에 거주하는 만 20세~39세 남녀
모집 지역	▶ 수도권(서울, 인천, 경기)
목표 표본 수	▶ 100명
완료 표본 수	▶ 292명 후보군 모집, 109명 토론단 선정, 100명 토론단 확정
표본 추출	▶ 성, 연령별 비례 할당
모집 방법	▶ 온라인 웹 조사
모집 기간	▶ 2022년 11월 19일~12월 9일

- 이번 「2030 청년 통일대토론회」에 참여할 토론단의 모집단은 수도권의 만 20세 이상 39세 이하 성인남녀이다. 표본이 적고 수도권에 한정하여 모집하기 때문에 성별과 연령대별로 구간을 나누고 구간별로 동일 표본을 할당하였다.

- 성별의 경우 2구간(남자/여자), 연령대별은 4구간(20~24세/25~29세/30~34세/35~39세)으로 구분하였고, 구간별로 동일한 표본을 할당한 목표 표본 구성은 아래와 같다.

<표 II-4> 토론단 목표 표본

	전체		남자		여자	
	표본수(명)	비율(%)	표본수(명)	비율(%)	표본수(명)	비율(%)
전체	100	100.0%	50	100.0%	50	100.0%
20~24세	25	25.0%	12	24.0%	13	26.0%
25~29세	25	25.0%	13	26.0%	12	24.0%
30~34세	25	25.0%	12	24.0%	13	26.0%
35~39세	25	25.0%	13	26.0%	12	24.0%

2.2.2. 조사 진행

- 토론단 모집 조사는 휴대전화 또는 PC를 활용한 온라인 웹 조사 방법으로 진행되었다.

- 웹 조사는 다수가 동시에 응답할 수 있어, 정해진 일정 내에서 가장 효율적으로 토론단 후보군을 모집할 수 있는 방법으로, 통일과나눔 홈페이지, 관련 커뮤니티 등에 홍보 게시물을 올린 후 참여의향자가 조사 URL에 접속하여 조사에 참여하는 방식으로 진행되었다.

2.2.3. 토론단 구성

- 토론단 구성은 참여의향자 모집, 참여의향 재확인, 추가 참여 토론단

모집, 최종 토론단 확정의 순서로 진행되었다. 토론단 모집 조사를 통해 총 292명이 참여의향을 밝혔으며, 참여의향을 밝힌 사람 중 일부 참여의향을 번복하는 경우에는 동일한 층의 유사한 속성을 갖는 참여의향자로 대체하였다.

- 토론단 후보군 292명의 성·연령대별 구성 비율은 아래 표와 같다.

<표 II-5> 토론단 참여의향자의 성·연령대 분포

	전체		남자		여자	
	표본수(명)	비율(%)	표본수(명)	비율(%)	표본수(명)	비율(%)
전체	292	100.0%	154	100.0%	138	100.0%
20~24세	45	15.4%	19	12.3%	26	18.8%
25~29세	102	34.9%	57	37.0%	45	32.6%
30~34세	54	18.5%	30	19.5%	24	17.4%
35~39세	91	31.2%	48	31.2%	43	31.2%

- 갑작스러운 상황이 발생하거나 일정 변경 등으로 행사 당일에 불참하는 인원을 고려하여 예비 토론단을 포함하여 모집했고, 선정된 토론단은 목표 표본인 100명에서 9명 추가된 109명이다.

2.3. 1차 사전조사

2.3.1. 조사개요

- 사전조사의 방법은 자기기입식 온라인조사 방식으로 진행되었다. 사전조사는 토론회 전인 12월 14일(수)~16일(금) 사이에 진행하였다.

- 1차 사전조사에는 109명의 토론단 중 100명이 참여하였다.

구분	1차 사전조사
표집틀	▶ 109명 토론단
표집방법	▶ 109명 토론단 전수 접촉
표본크기	▶ 100명
조사방법	▶ 자기기입식 온라인 조사
조사일시	▶ 1차 사전조사 : 12월 14일~12월 16일

2.3.2. 조사 진행

● 사전 조사는 토론회를 시작하기 전에 실시하였다. 이는 의제와 관련된 내용을 접하지 않은 상황에서 토론단 개인의 입장을 확인하기 위한 것이었다.

● 조사는 토론단이 스마트폰 혹은 PC를 통해 온라인 조사 시스템에 접속한 뒤에 응답하는 자기기입식 방식으로 진행하였으며, 설문에 대한 문의 사항은 담당 연구원이 전화, 이메일을 통해 직접 응대하였다.

2.4. 청년 통일대토론회 : 2차 사후조사

2.4.1. 조사개요

● 토론회에는 선정한 109명의 토론단 중 토론회 당일 불참한 토론단과 사전조사에 응답하지 않은 9명을 제외하고 100명의 토론단이 최종 참여하였다.

● 2차 사후조사는 12월 17일(토) 통일대토론회에 참가한 토론단 100명을 대상으로 실시하였으며, 전문가 발표와 청년대표 패널들의 토론, 질의응답 등 모든 일정을 마친 이후에 진행하였다.

● 사전조사와 마찬가지로 사후조사도 토론단이 온라인 조사를 통해 설문지에 직접 기입하는 방식으로 진행하였다.

<표 II-7> 사후조사 개요

구분	2차 사후조사 (토론회)
표집틀	▶ 1차 사전조사에 응답하고 토론회에 참여한 100명의 토론단
표집방법	▶ 100명 토론단 전수 접촉
표본크기	▶ 100명
조사방법	▶ 자기기입식 온라인 조사
조사일시	▶ 2차 사후조사 : 12월 17일~12월 18일

2.4.2. 조사진행

● 2차 사후조사는 토론회에 참석한 토론단 100명을 대상으로 실시하였
다. 2차 사후조사는 토론단이 토론회 전 자기 학습과 토론회 당일 오전
부터 진행된 전문가 발표, 토론회, 질의응답 등의 숙의 과정을 거친 후
통일과 대북인식에 대해 최종적인 의견을 개진하고 토론회 전반에 대
해 평가하는 것을 목표로 하였다. 이를 위하여 토론회의 모든 일정을
마친 후 사후조사를 진행하였다.

● 사후조사는 행사 당일부터 다음날까지 이틀간(12월 17일~12월 18일)
진행되었으며, 100명 모두 설문에 응답한 것을 확인한 후에 설문조사
를 종료하였다.

2.4.3. 토론단 구성

● 최종 통일대토론회에 참석한 토론단은 100명으로, 참여 토론단 구성
현황은 아래와 같다.

<표 II-8> 토론단 목표대비 선정 및 참여 현황

구분		모집 목표		선정 토론단		참여 토론단(최종)	
		표본수(명)	비율(%)	표본수(명)	비율(%)	표본수(명)	비율(%)
전체		100	100.0	109	100.0	100	100.0
성별	남자	50	50.0	54	49.5	51	51.0
	여자	50	50.0	55	50.5	49	49.0
연령	20~24세	25	25.0	28	25.7	26	26.0
	25~29세	25	25.0	27	24.8	23	23.0
	30~34세	25	25.0	28	25.7	26	26.0
	35~39세	25	25.0	26	23.9	25	25.0

2.4.4. 토론회 참석률 제고를 위한 노력

- 조사 수행기관인 칸타퍼블릭은 토론단에게 토론회와 관련한 제반 사항을 안내하고, 문의에 응대하기 위해 토론단 전담 컨택원을 배치하였다. 컨택원은 토론단을 모집하기 시작한 11월 18일부터 12월 17일 토론회 당일까지 토론회 관련 문의 및 일정 및 소요 시간 등을 수시로 안내하였다.

- 토론회 진행 4일 전에 미리 배포한 자료집과 전문가 발표자료 등을 통해 학습을 진행할 수 있도록 안내하였다.

- 또한 통일대토론회는 충분한 학습과 숙의를 거쳐 최종 의견을 결정하는 중요한 자리이므로, 사전에 최대한 주제에 대해 학습하고 의견을 낼 수 있도록 12월 15일(목)에 안내하였다.

- 12월 16일(금)에는 자료집 학습 안내와 더불어 토론회 시간 및 일정, 주의사항에 대한 안내 문자를 발송하였다.

<표 II-9> 토론단 대상 통일대토론회 안내 문자

발송일	구분	발송 내용
12월 13일	토론회 준비 및 안내	안녕하세요 OOO님. <2030 청년 통일대토론회> 1차 사전조사에 참여해 주셔서 감사합니다. 2030 청년 통일대토론회 자료집을 선생님 이메일로 보내드렸습니다. 보내드린 자료집을 12/17(토) 전까지 숙지 후 참여 부탁드립니다. 토론회와 관련하여 문의사항이 있는 경우는 언제든 연락 부탁드립니다. 칸타퍼블릭 드림
12월 15일	토론회 사전 의견 취합	안녕하세요 OOO님. <2030 청년 통일대토론회>에 참여해 주셔서 감사드립니다. 토론회 현장에서 여러분의 의견을 더 많이 듣고자 토론회 소주제별로 의견을 미리 여쭙고자 합니다. 아래 링크를 통해 내일 오전 11시까지 의견을 개진해 주시기 바랍니다. https://forms.gle/NXaP5zJ85G3Br2SC9 응답해 주신 내용을 바탕으로 토론회 현장에서 직접 의견을 내주시는 분들께는 스타벅스 1만원권의 기프트콘을 드릴 예정입니다. 관련하여 문의사항이 있는 경우는 언제든 연락 부탁드립니다. 칸타퍼블릭 드림
12월 16일	토론회 안내 문자	안녕하세요 OOO님. <2030 청년 통일대토론회>의 장소와 일시를 다시 한 번 안내 드립니다. 장소 : 상암동DMC디지털큐브 3층 일시 : 12월 17일(토) 9시~18시 * 소주제마다 토론단 인터뷰가 예정되어 있으니 미리 의견을 정리해서 와주시기 바랍니다. * 9시 30분 접수 마감 후 10시부터 행사가 시작되오니 가급적 9시까지 오셔서 접수를 부탁드리겠습니다. * 디지털미디어티시역(DMC역) 2번 출구에서 오전 08:10~09:30까지 셔틀버스가 운행되니 참고 부탁드리겠습니다. 토론회와 관련하여 문의사항이 있는 경우는 언제든 연락 부탁드립니다. 칸타퍼블릭 드림

2.5. 설문 작성 개요 및 설문 문항

2.5.1. 설문 작성 개요

● 설문지는 기본적으로 사회발전연구소(사발연)에서 초안을 작성하였고, 재단법인 통일과나눔, 사발연, 칸타퍼블릭의 검토 및 수정 과정을 거쳐 확정하였다. 또한 모든 설문지는 최종 결과보고서에 담길 다양한 관점을 염두에 두고 차수별 연계분석을 고려하여 작성하였다.

<표 Ⅱ-10> 조사별 설문작성 목적

차수	설계 목적
전국 1,000명 대상 온라인조사	▶ 전국 2030 청년 1,000명을 대상으로 통일 및 대북인식에 대한 전반적인 인식 확인
토론단 100명 대상 사전조사	▶ 숙의 전 토론단의 인식 수준 확인
토론단 100명 대상 사후조사	▶ 전문가 발표, 토론회, 질의응답을 통한 숙의 효과 확인, 통일대토론회 전반에 대한 평가

2.5.2. 설문 구성표

● 「2030 청년 통일대토론회」의 전체 설문을 주제와 문항별로 정리하면 아래 표와 같다.

<표 Ⅱ-11> 설문지 구성표

구분	문항 내용	설문
인구 통계학적 특성	▶ 지역	전국 조사, 사전조사
	▶ 성별	전국 조사, 사전조사
	▶ 연령	전국 조사, 사전조사
	▶ 최종학력	전국 조사, 사전조사
	▶ 직업	전국 조사, 사전조사
	▶ 혼인 여부	전국 조사, 사전조사
	▶ 자녀 유무	전국 조사, 사전조사
	▶ 월 평균 가구 소득	전국 조사, 사전조사

구분	문항 내용	설문
인구 통계학적 특성	▶ 주거형태	전국 조사, 사전조사
	▶ 종교	전국 조사, 사전조사
	▶ 정치성향	전국 조사, 사전조사
	▶ 정치관심도	전국 조사, 사전조사
	▶ 지지 정당 유무	전국 조사, 사전조사
A. 현실 인식	▶ 한국국민인 것에 대한 자긍심	전국 조사, 사전조사
	▶ 한국의 국제적 책임에 대한 의견	전국 조사, 사전조사
	▶ 생활수준 만족도	전국 조사, 사전조사
	▶ 행복감	전국 조사, 사전조사
	▶ 주관적 사회계층 의식	전국 조사, 사전조사
	▶ 부모세대 대비 생활수준 및 사회적 지위 예상	전국 조사, 사전조사
	▶ 사람에 대한 신뢰 정도	전국 조사, 사전조사
	▶ 우리사회 형평성 인식	전국 조사, 사전조사
	▶ 이민 의향	전국 조사, 사전조사
	▶ 이민 의향 이유	전국 조사, 사전조사
	▶ 가장 부합되는 세대_시대를 가장 잘 타고난 운좋은 세대	전국 조사, 사전조사
	▶ 가장 부합되는 세대_시대를 가장 잘못 타고난 불운한 세대	전국 조사, 사전조사
	▶ 이슈별 대화 빈도	전국 조사, 사전조사
	▶ 다문화 수용성	전국 조사, 사전조사
	▶ 이주자에 대한 친근감	전국 조사, 사전조사
	▶ 본인 삶에 위협을 느끼는 정도	전국 조사, 사전조사
	▶ 우리나라의 위상	전국 조사, 사전조사
B. 대북한 인식	▶ 북한에 대한 관심 정도	전국 조사, 사전조사, 사후조사
	▶ 5년 전과 비교한 북한 이미지	전국 조사, 사전조사, 사후조사
	▶ 향후 5년간 남북관계 변화 예상	전국 조사, 사전조사, 사후조사
	▶ 김정은 체제 유지 여부에 대한 예상	전국 조사, 사전조사, 사후조사
	▶ 김정은 체제가 유지될 것이라 생각하는 이유	전국 조사, 사전조사, 사후조사
	▶ 김정은 체제가 유지되지 않을 것이라 생각하는 이유	전국 조사, 사전조사, 사후조사
	▶ 북한의 무력도발 가능성	전국 조사, 사전조사, 사후조사
	▶ 북한에 대한 인식	전국 조사, 사전조사, 사후조사
	▶ 북한의 김정은 정권과 집권세력에 대한 호감도	전국 조사, 사전조사, 사후조사
	▶ 북한에 대한 관계 인식	전국 조사, 사전조사, 사후조사
	▶ 국가별 관계 인식	전국 조사, 사전조사, 사후조사

구분	문항 내용	설문
B. 대북한 인식	▶ 북한 주민의 남한 이주 시 일자리 감소에 대한 의견	전국 조사, 사전조사, 사후조사
	▶ 북한의 민족 동질성에 대한 의견	전국 조사, 사전조사, 사후조사
	▶ 6.25 한국전쟁에 대한 의견	전국 조사, 사전조사, 사후조사
	▶ 향후 남북정상회담 개최의 필요성	전국 조사, 사전조사, 사후조사
	▶ 북한하면 떠오르는 단어	전국 조사, 사전조사, 사후조사
C. 통일 인식	▶ 통일에 대한 관심 정도	전국 조사, 사전조사, 사후조사
	▶ 통일에 대한 태도	전국 조사, 사전조사, 사후조사
	▶ 통일되어야 하는 가장 큰 이유	전국 조사, 사전조사, 사후조사
	▶ 통일될 필요가 없는 가장 큰 이유	전국 조사, 사전조사, 사후조사
	▶ 통일 가능한 시기 전망	전국 조사, 사전조사, 사후조사
	▶ 통일을 위한 사안별 시급성	전국 조사, 사전조사, 사후조사
	▶ 통일 과정에서 가장 우려되는 점	전국 조사, 사전조사, 사후조사
	▶ 통일에 드는 비용 vs. 통일로 인한 이익	전국 조사, 사전조사, 사후조사
	▶ 희망하는 통일한국의 체제	전국 조사, 사전조사, 사후조사
	▶ 통일이 남한에 이익이 되는 정도	전국 조사, 사전조사, 사후조사
	▶ 통일이 북한에 이익이 되는 정도	전국 조사, 사전조사, 사후조사
	▶ 통일이 본인에게 이익이 되는 정도	전국 조사, 사전조사, 사후조사
	▶ 통일을 위한 추가비용 부담 의향	전국 조사, 사전조사, 사후조사
	▶ 통일 이후 북한 이주 의향	전국 조사, 사전조사, 사후조사
	▶ 통일 이후 북한 주민과 결혼 의향	전국 조사, 사전조사, 사후조사
	▶ 북한의 남한에 대한 관계 인식	전국 조사, 사전조사, 사후조사
	▶ 제3국 출생 북한이탈주민 자녀에 대한 한국 사람으로의 인식 정도	전국 조사, 사전조사, 사후조사
	▶ 북한이탈주민에 대한 사회적 거리감	전국 조사, 사전조사, 사후조사
	▶ 북한이탈주민에 대한 관심 정도	전국 조사, 사전조사, 사후조사
D. 대북정책 인식	▶ 대북 경제 지원에 대한 의견	전국 조사, 사전조사, 사후조사
	▶ 대북정책 방향: 남북주도 직접협상 vs. 주변국과 다자협상	전국 조사, 사전조사, 사후조사
	▶ 대북정책 방향: 조건 없이 지원 지속 vs. 태도 따라 지원 조절	전국 조사, 사전조사, 사후조사
	▶ 통일 이후 주한미군 주둔에 대한 의견	전국 조사, 사전조사, 사후조사
E. 북한 핵미사일 인식	▶ 북한의 핵무기 보유에 위협을 느끼는 정도	전국 조사, 사전조사, 사후조사
	▶ 북한 핵무기 포기 여부에 대한 견해	전국 조사, 사전조사, 사후조사
	▶ 북한이 핵무기를 실제 사용할 가능성	전국 조사, 사전조사, 사후조사
	▶ 북한이 핵무기 폐기하지 않을 경우, 남한의 핵무기 보유 찬반 의견	전국 조사, 사전조사, 사후조사
	▶ 남한의 핵무기 보유 반대 이유	전국 조사, 사전조사, 사후조사
	▶ 남한의 핵무기 보유 찬성 이유	전국 조사, 사전조사, 사후조사

구분	문항 내용	설문
F. 주변국과의 관계 인식	▶ 가장 가깝게 느끼는 나라	전국 조사, 사전조사, 사후조사
	▶ 가장 멀게 느끼는 나라	전국 조사, 사전조사, 사후조사
	▶ 통일에 대한 주변국의 태도 예상	전국 조사, 사전조사, 사후조사
	▶ 북 · 미 월드컵 대결 시 응원하고 싶은 국가	전국 조사, 사전조사, 사후조사
	▶ 한반도 전쟁 발발 시 주변국의 태도 예상	전국 조사, 사전조사, 사후조사
	▶ 미중 갈등 심화 시 한국이 취해야 하는 입장	전국 조사, 사전조사, 사후조사
	▶ 통일을 위해 가장 중요한 국가 간 협력	전국 조사, 사전조사, 사후조사
토론회 평가	▶ 본인의 생각 정하는데 도움이 된 정도_전문가 강연	사후조사
	▶ 본인의 생각 정하는데 도움이 된 정도_패널 토론회	사후조사
	▶ 본인의 생각 정하는데 도움이 된 정도_토론회 질의응답	사후조사
	▶ 토론회 만족도_집결 및 참가 등록	사후조사
	▶ 토론회 만족도_전문가 강연	사후조사
	▶ 토론회 만족도_점심 식사	사후조사
	▶ 토론회 만족도_패널 토론회	사후조사
	▶ 토론회 만족도_토론회 질의응답	사후조사
	▶ 토론회 전반적 만족도	사후조사
	▶ 토론회 참여 소감	사후조사

3. 전국 1,000명 대상 온라인조사 결과*

3.1. 통일 인식

<그림 III-3-1> 통일에 대한 관심 정도

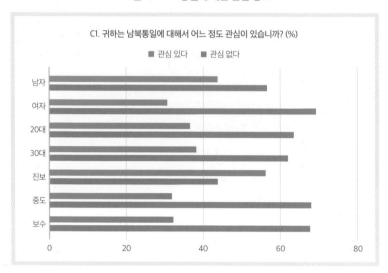

- 청년세대 내에서는 통일에 관심이 있는 사람보다 무관심한 사람이 더 많다.

- 20대와 30대 모두 남북통일에 관심이 없다는 응답자의 비율이 더 높다.

- 정치성향에 따른 차이가 확인되었는데 유일하게 진보적인 정치적 이념을 가진 청년들 사이에서 통일에 대한 관심을 기울이고 있는 응답자가 더 많다.

---

* 조사항목이 방대하여 여기에는 통일인식에 대한 결과만을 싣는다. 다른 문항의 조사결과는 본 재단의 웹사이트에서 확인할 수 있다. (www.tongnastory.com)

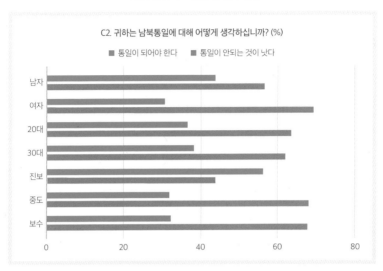

<그림 III-3-2> 통일에 대한 태도

- 청년들은 미래에 통일이 되는 것을 부정적으로 전망하고 있다.

- 성별, 연령별 차이에 따른 남북통일에 대한 차이는 확인할 수 없었다.

- 정치성향별로 나누어 살펴보면 정치적으로 진보적인 청년들은 중도와 보수적인 청년들에 비해 통일이 되어야 한다는 의견이 높게 나타났다.

<그림 III-3-3> 통일되어야 하는 가장 큰 이유

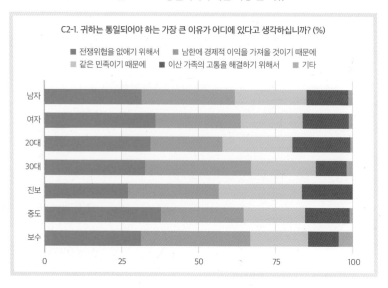

- 통일이 되어야 하는 이유에 대해서는 의견이 분분했다.

- 여러 가지 의견 중에서도 북한의 전쟁 위협을 없애기 위해 통일이 필요하다는 응답이 가장 많았다.

- 그 다음으로 통일이 남한에 경제적 이익을 가져다줄 수 있다는 이유를 가장 많이 꼽았다.

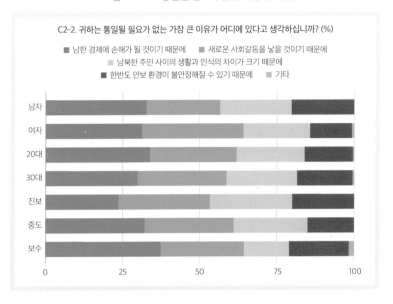

<그림 Ⅲ-3-4> 통일될 필요가 없는 가장 큰 이유

- 통일이 될 필요가 없다고 생각하는 이유 역시 다양하였다.

- 가장 높은 비율로 통일이 남한 경제가 손해를 입을 수도 있다는 점을 들었다.

- 그 다음 높은 비율로 사회적으로 새로운 갈등이 발생할 수 있다는 점을 고려해 통일에 대해 부정적인 입장을 보이는 것으로 나타났다.

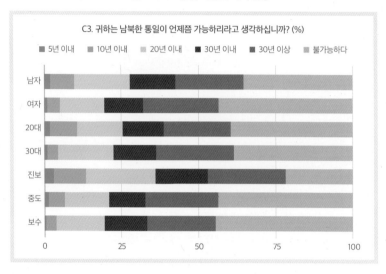

<그림 III-3-5> 통일 가능한 시기 전망

- 청년들은 통일이 가능한 시기에 대한 질문에 비교적 회의적인 입장을 보였다.

- 통일이 불가능할 것이라고 전망하는 청년들이 가장 많았으며 통일이 가능하다고 생각하더라도 30년 이상이 걸릴 것이라는 의견이 가장 높게 나타났다.

- 이를 청치성향별로 나누어 살펴보면, 중도와 보수층에서는 10명 중 약 4명이 통일이 불가능하다는 데 의견을 모았다. 그러나, 진보적인 청년들은 10명 중 2명 정도만이 통일이 불가능할 것이라고 예상하고 있다.

<그림 III-3-6> 통일을 위한 사안별 시급성_남북정상회담의 정례화

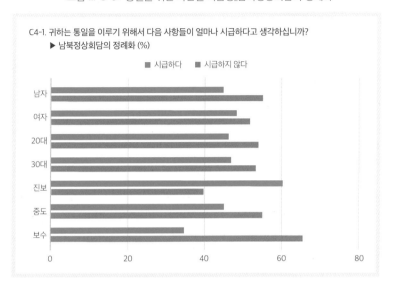

C4-1. 귀하는 통일을 이루기 위해서 다음 사항들이 얼마나 시급하다고 생각하십니까?
▶ 남북정상회담의 정례화 (%)

- 전반적으로 통일을 위해 남북정상회담의 정례화가 시급하지 않다는 의견이 많다.

- 성별, 연령을 구분해 살펴본 결과 역시 남북정상회담의 정례화를 시급한 사안으로 생각하지 않는 비율이 더 높게 나타났다.

- 정치성향별로 나누어 살펴보면, 정치적으로 중도, 보수 입장의 청년들은 시급하지 않다고 여기는 비율이 더 높으나 진보적인 청년들은 남북정상회담의 정례화를 비교적 시급한 사안으로 받아들이고 있다.

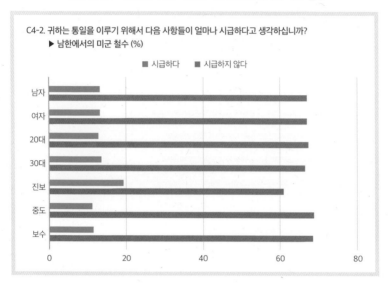

<그림 III-3-7> 통일을 위한 사안별 시급성_남한에서의 미군 철수

- 2030세대 내에서 통일을 위해 남한에서의 미군 철수는 시급하지 않다는 의견이 지배적이다.

- 성별, 연령별, 정치성향별로 나누어 살펴봐도 의견 차이를 확인하기 어려웠고 남한에서의 미군 철수가 시급하지 않다는 데 확고한 입장을 보이고 있음을 알 수 있다.

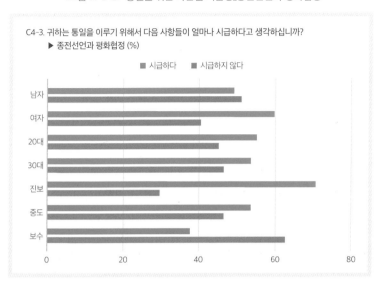

<그림 III-3-8> 통일을 위한 사안별 시급성_종전선언과 평화협정

C4-3. 귀하는 통일을 이루기 위해서 다음 사항들이 얼마나 시급하다고 생각하십니까?
▶ 종전선언과 평화협정 (%)

- 전체적으로 통일을 위한 종전선언과 평화협정의 시급성에 대해서는 의견 차가 크지 않았다.

- 남자에 비해 여자는 종전선언과 평화협정을 더 시급하게 해결해야 할 과제로 인식하고 있다.

- 정치성향별로 나누어 살펴보면, 정치적으로 진보적인 청년들 사이에서는 종전선언과 평화협정의 필요성을 강조하는 경향이 우세했으나 보수적인 청년들은 상대적으로 이를 시급하게 해결해야 할 과제로 받아들이지 않고 있다.

<그림 III-3-9> 통일을 위한 사안별 시급성_북한의 개방과 개혁

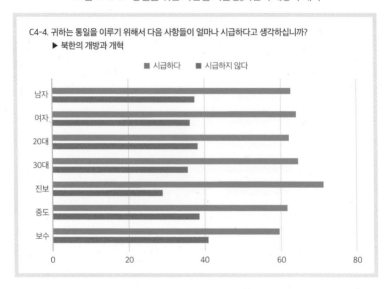

C4-4. 귀하는 통일을 이루기 위해서 다음 사항들이 얼마나 시급하다고 생각하십니까?
▶ 북한의 개방과 개혁

■ 시급하다   ■ 시급하지 않다

- 통일을 위한 북한의 개방과 개혁이 시급하다는 데 동의하는 청년들의 비율이 더 높게 나타났다.

- 차이가 가장 뚜렷한 집단은 정치적으로 진보적인 성향의 청년들로 10명 중 7명이 북한의 개방과 개혁의 시급성을 강조하였다.

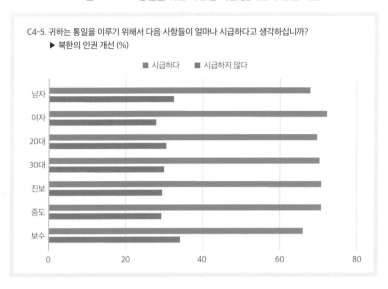

C4-5. 귀하는 통일을 이루기 위해서 다음 사항들이 얼마나 시급하다고 생각하십니까?
▶ 북한의 인권 개선 (%)

- 2030세대는 남북통일을 이루기 위해 북한의 인권 개선이 시급하다는 의견에 대해서 큰 이견을 보이지 않았다.

- 전반적으로, 70% 정도가 북한의 인권 개선의 시급성에 동의하고 있었다.

<그림 III-3-11> 통일을 위한 사안별 시급성_북한 비핵화

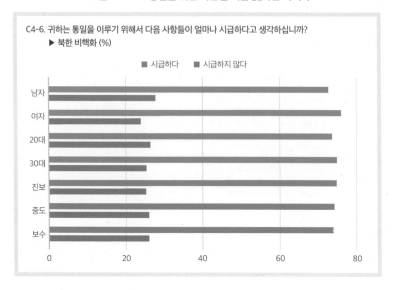

C4-6. 귀하는 통일을 이루기 위해서 다음 사항들이 얼마나 시급하다고 생각하십니까?
▶ 북한 비핵화 (%)

■ 시급하다   ■ 시급하지 않다

- 청년들 사이에서는 통일을 위해 북한의 비핵화가 시급하다는 의견이 지배적이다.

- 성별, 연령별, 정치성향별 차이는 확인되지 않았다.

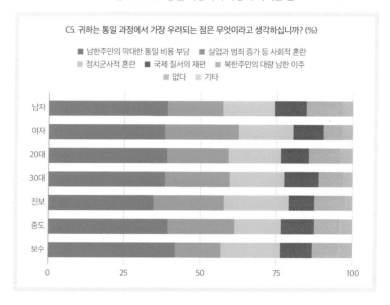

<그림 III-3-12> 통일 과정에서 가장 우려되는 점

- 청년세대는 남한 주민의 막대한 통일 비용 부담, 실업과 범죄 증가 등 사회적 혼란, 정치군사적 혼란 등을 통일 과정에서 발생할 수 있는 문제점으로 지적하고 있다.

- 그 중에서도 남한 주민들이 부담해야 하는 막대한 통일 비용에 대해 가장 우려하는 것으로 나타났다.

- 그 다음으로는 실업과 범죄 증가 등 사회적 혼란, 정치군사적 혼란 순으로 응답 비율이 높았다.

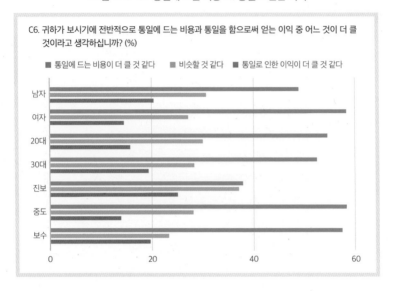

<그림 III-3-13> 통일에 드는 비용 vs. 통일로 인한 이익

- 전체적으로는 통일에 드는 비용이 더 클 것으로 생각하는 사람들이 가장 많았고 비슷할 것으로 생각하는 사람들이 그 다음으로 많았다.
- 성별로는 남자보다 여자가 통일로 인한 이익이 더 클 것으로 생각하는 비율이 더 높다.
- 연령별로는 20대와 30대의 의견이 크게 차이 나지 않았으며, 두 연령대 모두 통일에 드는 비용이 더 클 것으로 생각하고 있다.
- 정치 성향별로는 중도가 통일에 드는 비용이 더 클 것으로 생각하는 비율이 가장 높았고 보수, 진보 순으로 그 뒤를 이었다.

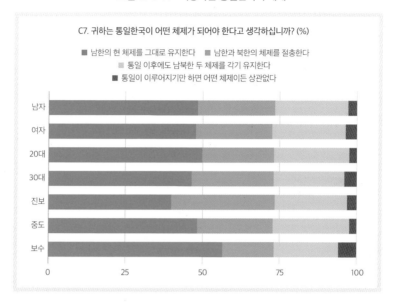

<그림 III-3-14> 희망하는 통일한국의 체제

- 전체 응답 분포에서는 현재 남한 체제를 유지하자는 의견이 가장 많은 것으로 나타났다. 반면, 남북 체제 절충과 통일 이후 각자의 체제를 유지할 것이라는 응답은 비슷한 수준이다.

- 연령별로는 20대는 현재 남한 체제를 유지하자는 응답 비율이 가장 높은 반면, 30대는 북한과 남한 체제를 절충하자는 의견이 가장 많았다.

- 정치성향별로 보면, 중도와 보수 성향에서는 현재 남한 체제 유지를 선호, 진보 성향의 경우 남북의 체제 절충을 가장 선호하고 있었다.

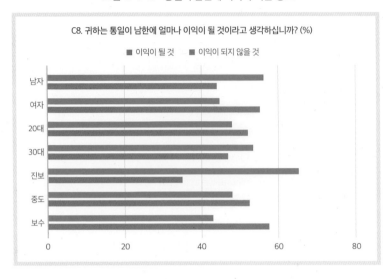

- 남자와 여자, 연령별 그룹, 정치성향별 그룹 간에는 차이가 있지만 전반적으로 통일이 남한에 이익이 될 것이라는 의견이 높은 편이다.

- 성별의 경우, 통일이 남한에 가져올 이익에 대해 남자에 비해 여자가 비교적 회의적인 태도를 보이고 있다.

- 정치성향별 차이는, 중도층과 보수층은 이익이 되지 않을 것이라는 비율이 더 높은 반면, 진보적인 응답자는 상대적으로 긍정적인 입장을 취하고 있다.

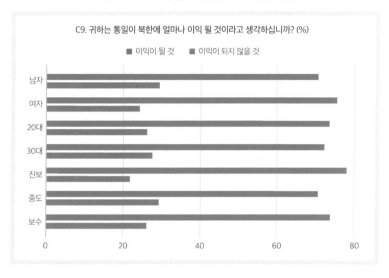

<그림 III-3-16> 통일이 북한에 이익이 되는 정도

C9. 귀하는 통일이 북한에 얼마나 이익 될 것이라고 생각하십니까? (%)

■ 이익이 될 것   ■ 이익이 되지 않을 것

- 다수가 통일이 북한에 도움이 될 것으로 예상하고 있다.
- 청년들은 통일이 남한보다 북한에 더 이익이 될 것으로 전망하고 있다.

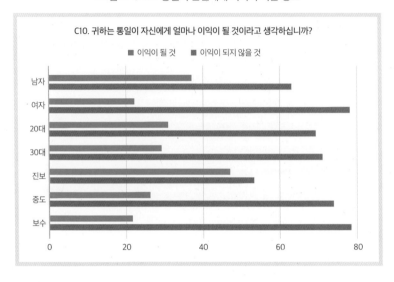

<그림 III-3-17> 통일이 본인에게 이익이 되는 정도

- 청년세대는 통일이 자신에게 이익이 될지 여부에 대해 비관적으로 전망하고 있다.

- 여자는 남자에 비해 통일이 자신에게 이익이 될 것이라는 의견에 상대적으로 회의적인 입장이다.

- 정시성향별로는 진보성향을 가진 응답자들이 상대적으로 긍정적인 견해를 가지고 있는 반면, 보수성향 응답자들 과반수는 부정적인 입장을 취하고 있다.

<그림 III-3-18> 통일을 위한 추가비용 부담 의향

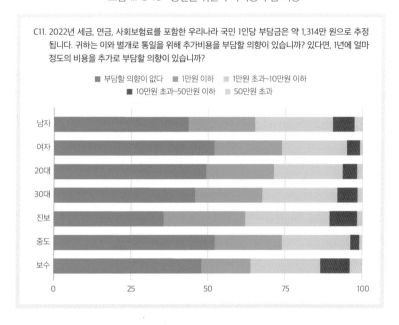

C11. 2022년 세금, 연금, 사회보험료를 포함한 우리나라 국민 1인당 부담금은 약 1,314만 원으로 추정
됩니다. 귀하는 이와 별개로 통일을 위해 추가비용을 부담할 의향이 있습니까? 있다면, 1년에 얼마
정도의 비용을 추가로 부담할 의향이 있습니까?

■ 부담할 의향이 없다　■ 1만원 이하　■ 1만원 초과~10만원 이하
■ 10만원 초과~50만원 이하　■ 50만원 초과

- 청년세대 내에서는 통일을 위한 추가 세금, 연금, 사회보험료 등의 추가 비용을 부담할 의향이 없다는 의견이 가장 많았다.

- 전반적으로 통일을 위해 부담 가능한 추가 금액이 높아질수록 응답 비율이 감소하는 것을 알 수 있다.

- 정치성향별 차이를 살펴보면, 보수적인 성향이 강한 집단에서는 부담할 의향이 좀 더 높은 경향이 있으며 중도성향과 진보성향의 청년들은 상대적으로 통일을 위한 추가 비용을 부담스러워 하는 것으로 나타났다.

<그림 III-3-19> 통일 이후 북한 이주 의향

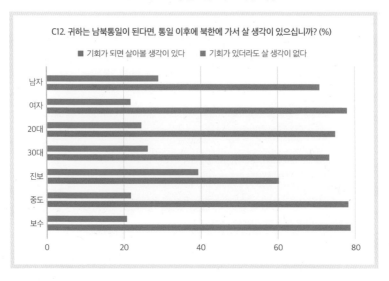

C12. 귀하는 남북통일이 된다면, 통일 이후에 북한에 가서 살 생각이 있으십니까? (%)

- 전반적으로 청년들은 통일 후 기회가 있더라도 북한으로 이주할 의향이 낮은 것으로 나타났다.

- 성별의 경우, 여자에 비해 남자가 북한으로 이주할 가능성을 더 많이 열어 두고 있다.

- 정치성향별로는 보수 성향을 가진 응답자들이 통일 이후 북한으로의 이주에 대해 회의적인 입장을 취하고 있다.

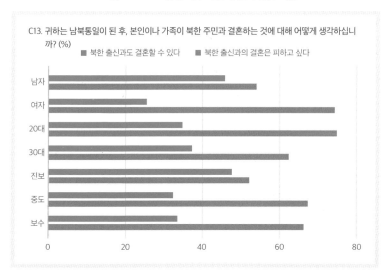

<그림 III-3-20> 통일 이후 북한 주민과 결혼 의향

- 남자는 북한 출신과의 결혼에 대해 의견 차가 크지 않으나 여자는 과 반수가 북한 출신과의 결혼을 부정적으로 바라보고 있다.

- 20대는 10명 중 6-7명 가량이 북한 출신과의 결혼을 피하고 싶다고 응답하였으며 30대에서도 비슷한 경향이 나타났다.

- 정치성향에 따른 차이를 살펴보면, 정치적으로 진보적인 청년이 다른 집단에 비해 북한 출신과의 결혼에 다소 긍정적인 입장을 보이고 있다.

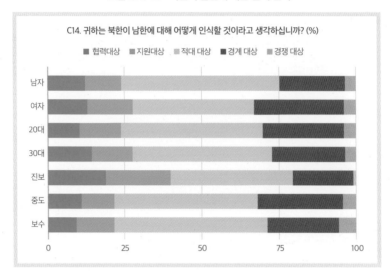

<그림 III-3-21> 북한의 남한에 대한 관계 인식

- 대체로 청년층의 모든 집단에서 북한이 남한을 경쟁 대상으로 인식할 것이라고 생각하는 비율이 낮은 반면 적대적인 대상으로 여길 것이라고 예상하는 비율은 비교적 높다.

- 남자가 여자에 비해, 보수 성향과 중도층 청년이 진보 성향의 청년에 비해 북한의 남한에 대한 인식이 적대적일 것이라고 보는 시각이 상대적으로 강하게 나타났다.

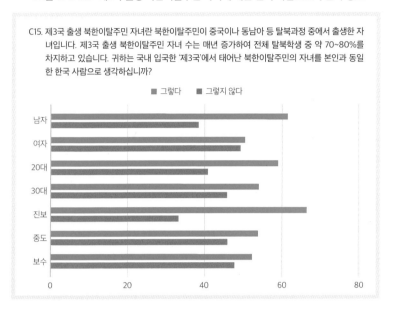

- 전반적으로 응답자 과반수가 제3국 출생 북한이탈주민 자녀를 본인과 동일한 한국 사람으로 생각하고 있다.

- 여자는 자신과 동일한 한국이라고 생각하는 비율과 그렇지 않은 사람 간의 비율 차이가 거의 없는 반면, 남자들은 한국인으로 인식한다는 입장이 우세하였다.

- 진보 성향의 청년들은 다른 집단에 비해 제3국 출생 북한이탈주민 자녀를 한국인으로서 받아들이는 태도가 강하게 나타났다.

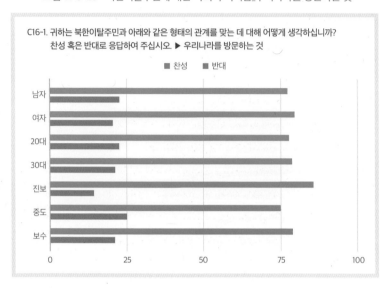

<그림 III-3-23> 북한이탈주민에 대한 사회적 거리감_우리나라를 방문하는 것

- 전체적으로, 북한이탈주민이 우리나라에 방문하는 것에 대해 찬성하고 있다.

- 성별, 연령별, 정치성향별로 북한이탈주민의 우리나라 방문에 대한 의견에서 큰 차이를 보이지는 않는다.

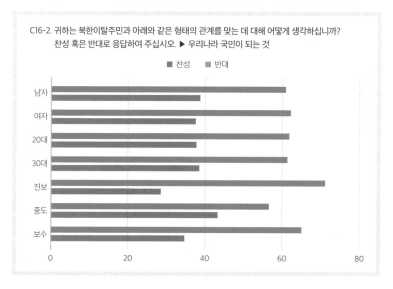

<그림 III-3-24> 북한이탈주민에 대한 사회적 거리감_우리나라 국민이 되는 것

- 북한이탈주민이 우리나라 국민이 되는 것을 찬성하는 청년들이 반대하는 청년들에 비해 더 많다.

- 성별, 연령별로 나누어 보아도 북한이탈주민을 우리나라 국민으로 인정해야 한다는 데 찬성하는 비율이 반대하는 비율보다 높으며 차이가 크지 않다.

- 다른 집단과 비교했을 때 정치적으로 진보적인 성향의 사람들은 우리나라 국민이 되는 것에 비교적 긍정적인 입장이다.

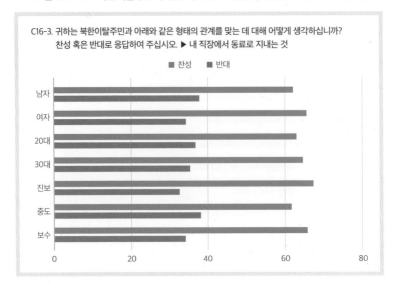

- 과반수가 북한이탈주민과 직장 동료로 지내는 것에 대해 긍정적인 입장이다.

- 중도 성향의 청년들 사이에서도 직장동료로 지내는 것에 찬성하는 의견이 더 많지만 진보와 보수에 비해 그 비율이 상대적으로 낮다.

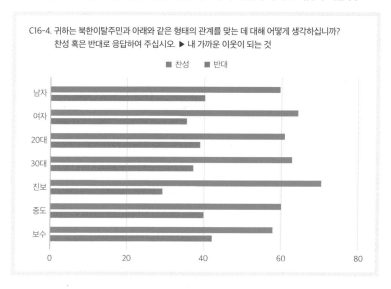

<그림 III-3-26> 북한이탈주민에 대한 사회적 거리감_내 가까운 이웃이 되는 것

- 모든 집단은 북한이탈주민이 자신의 가까운 이웃이 되는 것에 찬성하는 비율이 높게 나타났다.

- 여자, 정치적으로 진보적인 청년들의 경우 북한이탈주민과 가까이 지내는 것에 상대적으로 긍정적인 태도를 보이고 있다.

147

<그림 III-3-27> 북한이탈주민에 대한 사회적 거리감_나와 절친한 친구로 지내는 것

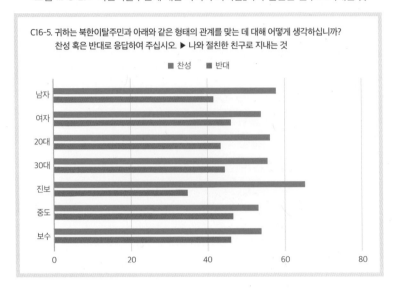

C16-5. 귀하는 북한이탈주민과 아래와 같은 형태의 관계를 맞는 데 대해 어떻게 생각하십니까?
찬성 혹은 반대로 응답하여 주십시오. ▶ 나와 절친한 친구로 지내는 것

- 북한이탈주민과 친구로 지내는 것에 대해서는 찬성 비율이 약간 더 높은 경향을 보인다.

- 성별, 연령에 따른 의견 차이는 확인하기 어려웠다.

- 정치적으로 진보적인 이념을 가진 청년들은 중도층이나 보수층에 비해 비교적 북한이탈주민과 친구로 지내는 것을 긍정적으로 받아들이고 있다.

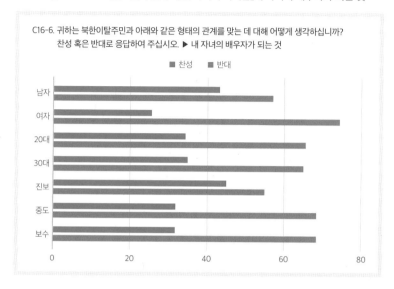

<그림 III-3-28> 북한이탈주민에 대한 사회적 거리감_내 자녀의 배우자가 되는 것

C16-6. 귀하는 북한이탈주민과 아래와 같은 형태의 관계를 맺는 데 대해 어떻게 생각하십니까?
찬성 혹은 반대로 응답하여 주십시오. ▶ 내 자녀의 배우자가 되는 것

- 우리나라 국민이 되는 것, 가까운 이웃으로 지내는 것, 직장 동료가 되는 것, 친구로 지내는 것 등 북한이탈주민과의 사회적 관계를 맺는 것에 대해서는 찬성하는 사람들의 비율이 더 높은 반면, 자녀의 배우자가 되는 것에 대해서는 부정적인 입장을 보이는 사람이 더 많다.

- 특히, 남자에 비해 여자는 북한이탈주민이 자녀의 배우자가 되는 것에 반대하는 의견이 우세하다.

- 전반적으로 반대 비율이 높으나 정치적으로 진보적인 청년들의 의견 차가 상대적으로 좁다.

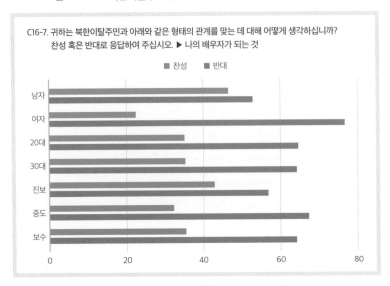

<그림 III-3-29> 북한이탈주민에 대한 사회적 거리감_나의 배우자가 되는 것

- 2030세대에서는 북한이탈주민이 자신의 배우자가 되는 것에 반대하는 의견이 더 많다.

- 성별에 따른 차이가 눈에 띄는데 여자는 남자에 비해 북한이탈주민과의 결혼에 대해 다소 부정적인 반응을 보이고 있다.

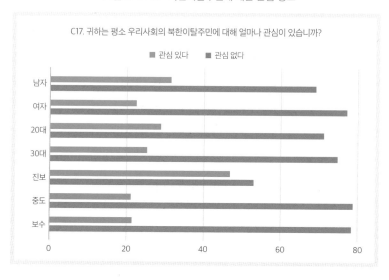

<그림 Ⅲ-3-30> 북한이탈주민에 대한 관심 정도

- 모든 집단에서 북한이탈주민에 대한 관심이 낮은 경향이 있다.

- 남자와 여자, 20대와 30대 사이에서 북한이탈주민에 대한 관심 정도
  의 차이는 크지 않다.

- 그러나 진보적인 정치성향의 사람들은 다른 집단에 비해 상대적으로
  높은 관심을 보이고 있다.

3.2. 2018년 2030세대 통일인식 조사결과와의 비교분석

- 이 장에서는 2018년 실시된 2030세대의 통일인식 조사결과와 2022년 에 실시된 조사결과의 비교분석을 통해 지난 4년 간 통일에 대한 청년 들의 인식이 어떻게 변화했는지를 살펴보고자 한다.

3.2.1. 2018년 '2030세대 통일인식' 조사 개요

- '통일과나눔재단'과 '한국사회학회'는 미래 통일 한국의 잠재적 수혜자 이면서 통일이 수반하는 비용을 떠안게 될 청년세대의 북한과 통일에 대한 인식을 파악하고자 2018년 2030세대 통일인식조사를 실시하였다.
- 전국 만 20세부터 39세 청년들을 대상으로 성별과 연령대별(5세 단위) 비례할당을 통해 총 1,000명의 표본을 추출한 뒤 웹 조사를 진행하였다.
- 주요 조사 내용은 청년들의 한국사회 현실 인식, 대북인식, 통일인식, 대북정책 인식, 정상회담과 주변국과의 관계인식 등이다.

3.2.2. 비교분석 내용

- 아래 표는 2018년과 2022년에 공통적으로 조사된 문항들이다.
- 크게 대북한 인식, 통일인식, 대북정책 인식, 북한 핵미사일에 대한 인 식으로 나누어져 있으며 총 14개의 문항에 대한 비교분석하였다.

<표 III-3-1> 비교분석 내용

구분	문항 내용
대북한 인식	북한에 대한 관심 정도
	김정은 체제 유지 여부에 대한 예상
	북한에 대한 인식
	북한 주민의 남한 이주 시 일자리 감소에 대한 의견

구분	문항 내용
통일인식	통일에 대한 관심 정도
	통일에 대한 태도
	통일 가능 시기 전망
	통일에 드는 비용 vs. 통일로 인한 이익
	희망하는 통일한국의 체제
대북정책 인식	대북 경제 지원에 대한 의견
	통일 이후 주한 미군 주둔에 대한 의견
북한 핵미사일 인식	북한의 핵무기 보유에 위협을 느끼는 정도
	북한 핵무기 포기 여부에 대한 견해
	북한이 핵무기를 실제 사용할 가능성

3.2.3. 분석 결과

(1) 응답자 특성

<표 III-3-2> 응답자 표본 특성

구 분		2018년		2022년	
		사례수	구성비(%)	사례수	구성비(%)
전 체		1,000	100.0	1,000	100.0
성별	남자	519	51.9	521	52.1
	여자	481	48.1	479	47.9
연령	20대	484	48.4	494	49.4
	30대	516	51.6	506	50.6
정치 성향	진보	380	38.0	224	22.4
	중도	485	48.5	577	57.7
	보수	135	13.5	199	19.9

- 위의 표는 2018년과 2022년 조사 응답자 특성으로 두 해 모두 전체 표본 수는 1,000명이다.

- 성별로 나누어 살펴보면, 2018년에는 남자 51.9%, 여자 48.1%, 2022년 에는 남자와 여자 각각 52.1%, 47.9%로 구성되어 있다.

- 연령의 경우, 2018년 조사에서 20대는 48.4%, 30대는 51.6%, 2022년 조사에서는 20대 49.4%, 30대는 50.6%이다.

- 정치성향의 경우, 두 개년 모두 자신을 정치적으로 중도라고 응답한 경우가 가장 많았다. 특히, 2022년은 중도가 약 58%로 중도가 과반이다.

- 두 해 모두 자신을 정치적으로 보수라고 응답한 사람의 비율이 가장 낮았는데, 2018년과 2022년 각각 13.5%와 19.9%이다.

(2) 대북 인식

<그림 Ⅲ-3-31> 북한에 대한 관심 정도 비교

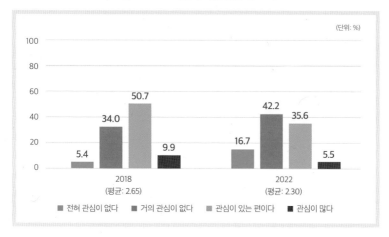

- 평소 북한에 대해 어느 정도 관심을 가지고 있었는지 그 비율과 평균값을 살펴본 결과이며 평균 점수가 높을수록 북한에 대한 관심이 높은 것을 의미한다.

- 2018년에는 '전혀 관심이 없다'고 응답한 사람이 약 5%에 불과했다면, 2022년에는 16.7%가 '전혀 관심이 없다'고 응답해 그 비율이 두 배 넘게 증가하였다.

- 반면, '관심이 있는 편이다'라고 응답한 청년들의 비율은 2018년 50.7%에서 2022년 35.6%로 감소하였다.

- 관심도를 평균값으로 환산해 살펴본 결과 2018년 청년들의 관심도는 평균 2.65점이나 2022년에는 2.30점으로 북한에 대한 관심이 줄어든 것으로 나타났다.

- 4년 전에 비해 청년들은 북한에 대해 상대적으로 무관심한 태도를 보이고 있음을 알 수 있다.

<그림 III-3-32> 김정은 체제 유지 여부에 대한 예상 비교

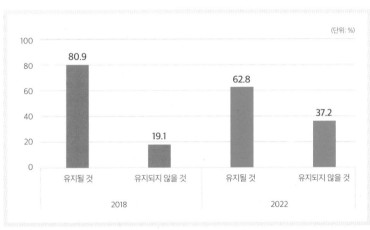

- 청년세대가 김정은 체제 지속 여부를 어떻게 전망하고 있는지를 살펴본 결과이다.

- 2018년에는 80%가 넘는 청년들이 김정은 체제가 유지될 것이라고 예상했으나 2022년 조사에서는 62.4%가 유지되지 않을 것이라고 응답해 최근 들어 김정은 체제 지속 가능성에 대해 회의적인 태도를 보이는 청년들이 증가했음을 알 수 있다.

<그림 III-3-33> 북한에 대한 인식 비교

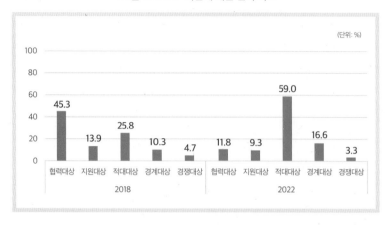

<그림 III-3-33> 북한에 대한 인식 비교

- 위의 그림은 2030세대가 북한을 어떤 대상으로 인식하고 있는지를 조사한 결과이다.

- 2018년 조사에서는, 45.3%가 북한을 협력대상이라고 응답하였으나, 2022년 조사에서는 북한과 협력해야 된다고 생각하는 청년 비율이 11.8%로 크게 줄어들었다.

- 2018년, 응답자 1/4이 북한을 적대대상으로 받아들이고 있는 것과 달리, 2022년 결과에서는 1/2 이상의 응답자가 북한을 적대적인 대상으로 바라보고 있다.

- 과거에는 북한을 우리와 힘을 합쳐야 할 협력대상으로 보는 인식이 비교적 강했다면, 2022년에 들어서는 우리의 안전을 위협하는 적대적인 대상으로 여기는 청년들이 늘어났고 있다.

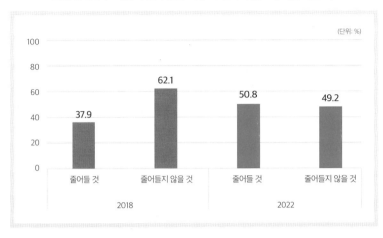

<그림 Ⅲ-3-34> 북한 주민의 남한 이주 시 일자리 감소에 대한 의견 비교

- 가까운 시일 내에 자유 왕래를 하거나 통일이 되어 북한 주민들의 남한으로의 이주가 가능해질 때 일자리가 줄어들지에 대한 의견을 조사한 결과이다.

- 2018년 조사 결과에 따르면 전체 응답자 중 37.9%는 이주 시 일자리가 줄어들 것이라고 생각하는 반면, 2022년 조사 결과에서는 그 비율이 50.3%로 늘어 과반수가 일자리 감소를 예상하고 있다.

- 4년 전에 비해 북한 주민들의 이주가 일자리 감소로 이어질 것으로 전망하는 청년들이 늘어난 것을 알 수 있다.

(3) 통일 인식

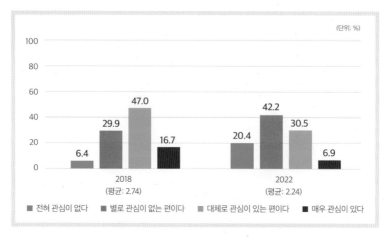

- 남북통일에 대해 어느 정도 관심이 있는지 그 비율과 평균값을 살펴본 결과로 평균 점수가 높을수록 통일에 대한 관심이 크다는 것을 의미한다.

- 2018년에는 통일에 '매우 관심이 있다'고 응답한 비율이 16.7%였으나, 2022년에는 그 비율이 6.9%로 10%p 가까이 감소하였다.

- 같은 맥락에서, 2018년 조사에서는 약 6%만이 통일에 '전혀 관심이 없다'고 응답한 반면, 2022년 조사에서는 20.4%가 '전혀 관심이 없다'고 응답해 통일에 무관심한 청년의 수가 세 배 넘게 증가한 것을 알 수 있다.

- 관심도를 평균값으로 계산해 살펴본 결과 역시 2018년에는 평균 2.74점, 2022년에는 2.24점으로 이전에 비해 통일 문제를 중요하게 생각하는 청년들이 과거에 비해 줄어든 것을 알 수 있다.

<그림 III-3-36> 통일에 대한 태도 비교

- 남북통일에 대해 어떻게 생각하는지를 분석한 결과로, 2030세대가 얼마나 남북통일을 희망하는지에 대해 살펴볼 수 있다.

- 2018년에는 '큰 부담만 안 되면 통일이 되는 것이 좋다'는 의견이 46.6%로 가장 우세한 반면, '통일이 되지 않는 편이 낫다'는 의견은 13.5%로 통일을 원하지 않는 청년들의 비율이 가장 낮았다.

- 그러나 2022년에 들어서는, '통일이 되지 않는 편이 낫다'는 비율이 28.1%로 통일을 희망하지 않는 청년들의 수가 두 배 넘게 증가하였다. 반대로, '반드시 통일이 되어야 한다'는 의견은 8.6%로 통일을 바라는 청년들이 가장 소수이다.

- 2018년에 비해 2022년 통일을 기대하는 청년들보다 통일을 원하지 않는 청년들이 늘어났음을 알 수 있다.

<그림 III-3-37> 통일 가능 시기 전망 비교

- 남북한 통일이 언제쯤 가능하리라고 생각하는지를 조사한 결과이다. 가장 눈에 띄는 것은 2022년 조사에서 통일이 불가능하다는 의견이 가장 우세하다는 점이다.

- 2018년에는 통일이 '불가능'하다고 생각하는 청년들의 비율이 13.9% 로 가장 낮게 나타난 반면, 2022년에 들어서는 40% 가까이(39.1%)가 통일이 '불가능'하다고 응답하였다.

- 2018년 당시 조사에서 통일이 20년 이내(10년 이내+20년 이내)에 가 능할 것이라고 전망하는 청년들은 절반에 가까웠으나, 2022년 조사 결과에서는 응답자의 1/4밖에 되지 않는다.

- 이 같은 결과는, 청년세대가 통일이 가능하다는 점을 전제하고 시기를 전망하는 것이 아니라, 불가능의 영역으로 염두에 두고 있다는 점을 보 여주기도 한다.

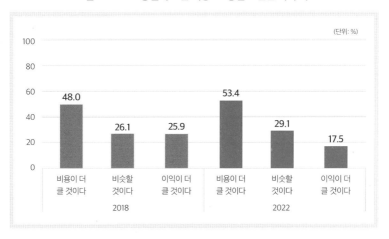

<그림 III-3-38> 통일에 드는 비용 vs. 통일로 인한 이익 비교

- 전반적으로 통일에 드는 비용과 통일을 함으로써 얻는 이익 중 어느 것이 더 클 것이라고 생각하는지를 비교분석한 결과이다.

- 2018년 조사에서는 '비용이 더 클 것이다'라고 응답한 비율이 48.0%, 2022년에는 53.4%로 통일로 인한 편익보다 부담이 더 클 것이라고 예상하는 사람들의 비율이 소폭 상승하였다.

- 일맥상통하게, '이익이 더 클 것이다'라고 응답한 사람들의 비율은 2018년과 2022년 각각 25.9%, 17.5%로 이익이 더 클 것이라는 비율이 다소 감소하였다.

- 과거에 비해 현재, 청년층에서는 통일로 인한 이익보다 부담해야 할 비용이 더 크다는 의견이 비교적 우세하다.

<그림 III-3-39> 희망하는 통일한국의 체제 비교

- 통일한국이 어떤 체제가 되어야 한다고 생각하는지를 살펴본 결과로 2018년과 2022년의 응답 추세에는 큰 변화가 없다.

- 2018년과 2022년 모두 남한의 현 체제를 그대로 유지해야 한다는 의견이 가장 많다. 다만, 2018년 44.0%에서 2022년 47.8%로 그 비율이 소폭 상승하였다.

- 그 다음으로 많은 의견은, 남한과 북한의 체제를 절충해야 한다는 입장으로 그 비율이 2018년에는 31.9%, 2022년에는 25.1%로 감소하였으나, 통일 이후에도 남북한 두 체제를 각기 유지하는 것을 희망하는 청년들은 21.2%에서 23.8%로 증가하였다.

- 한국 청년들은 남북한 체제를 절충하거나 두 체제를 각기 유지하기보다는 미래의 통일한국은 남한의 현 체제를 그대로 유지할 것을 기대하고 있음을 알 수 있다.

(4) 대북정책 인식

<그림 III-3-40> 대북 경제 지원에 대한 의견 비교

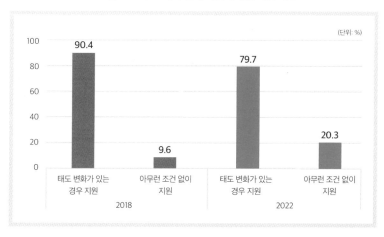

- 향후 어떤 방향으로 대북 경제 지원을 해야 하는지에 대해 살펴본 결과이다. 전반적으로 두 개년 조사 모두에서 청년들은 북한의 태도에 따른 조건부 지원을 지지하고 있다.

- 2018년에는 북한의 기본적인 태도 변화가 없는 한 경제적 지원은 곤란하다는 의견이 90.4%로 지배적이었다. 그러나, 2022년에 들어서는 그 비율이 약 80%로 줄어들었다.

- 반면, 우리 정부는 아무런 조건 없이 북한을 경제적으로 지원해야 한다는 입장은, 2018년 9.6%에서 2022년 20.3%로 그 수가 두 배 이상 증가하였다.

- 북한과 통일에 대한 관심도, 통일에 대한 태도 등으로 미루어 보아, 대북 경제 지원에 대해서도 부정적인 태도를 강화되었을 것으로 예상하였으나 이전에 비해 무조건적인 대북 경제 지원을 지지하는 청년들이 약간 늘어났음을 확인하였다.

163

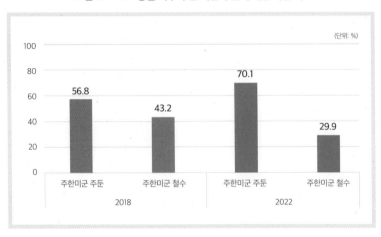

<그림 III-3-41> 통일 이후 주한 미군 주둔에 대한 의견 비교

- 위의 그림은 통일이 된 이후에도 주한미군이 계속 주둔해야 된다고 생각하는지에 대한 응답 비율이다.

- 2018년에는 10명 중 약 5-6명의 청년이 주한미군이 계속 주둔하는 것이 좋다고 응답, 4명가량이 철수하는 것이 좋다고 응답해, 의견이 분분하였다.

- 그러나, 2022년 들어서는 약 70%의 응답자가 통일 후에도 주한미군의 주둔을 강조하고 있어 4년 전에 비해 청년들 사이에서는 통일 여부와는 상관없이 주한미군이 계속적으로 주둔해야 한다는 의견이 우세하다.

- 과거에는, 통일에 따른 주한미군의 철수 여부에 대해 상대적으로 의견차이가 크지 않았던 반면, 현재는 남북통일 이후에도 주한미군이 계속 주둔해야 한다는 데 의견이 모이고 있다.

(5) 북핵에 대한 인식

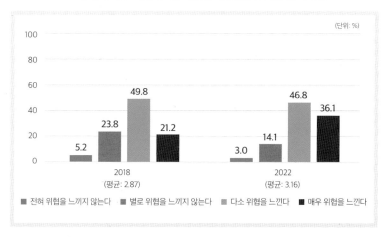

- 북한의 핵무기 보유에 대해 얼마나 위협을 느끼는지 그 비율과 평균값을 살펴본 결과로 평균 점수가 높을수록 위협을 느끼는 정도가 큰 것으로 값을 전환하였다.

- 2018년에는 위협을 느끼는 정도가 평균 2.87점, 2022년에는 3.16점으로 실질적으로 핵무기 보유를 위협으로 받아들이는 정도가 강해졌다.

- '매우 위협을 느낀다'는 비율이 2018년에는 21.2%, 2022년에는 36.1%로 15%p 가까이 늘어났다.

- 이를 통해, 4년 전에 비해 청년들은 북한의 핵무기 보유를 상대적으로 큰 위협으로 느끼고 있음을 알 수 있다.

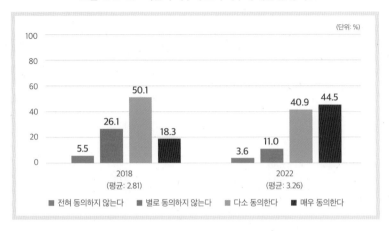

<그림 III-3-43> 북한의 핵무기 포기 여부에 대한 견해 비교

- 위의 그림은 "북한이 핵무기를 포기하지 않을 것이다"라는 의견에 얼마나 동의하는지를 살펴본 결과로 평균값이 높을수록 북한이 핵무기를 포기하지 않을 것이라는 데 더 동의하는 것으로 이해할 수 있다.

- 2018년에는 북한이 핵무기를 포기하지 않을 것이라는 데 동의하는 청년의 비율이 18.3%였던 것에 비해, 2022년은 44.5%로 두 배 가까이 증가하였다.

- 반대로, 핵무기를 포기하지 않을 것이라는 데 '별로 동의하지 않는다'고 응답한 사람들의 비율인 2018년 26.1%, 2022년 11.0%로 두 배 넘게 감소하였다.

- 북한의 핵무기 포기 여부에 대한 견해를 평균값으로 환산한 결과, 2018년에는 평균 2.81점, 2022년에는 평균 3.26점으로 북한의 핵무기 포기에 대해 부정적으로 전망하는 청년들이 증가하였다.

- 과거에는 청년들이 북한의 핵무기 포기에 대해 비교적 낙관하였다면 2022년에 들어서는 북한이 앞으로 핵무기를 포기할 가능성에 대해 부

정적으로 인식하는 경향이 더 강해졌다고 할 수 있다.

<그림 III-3-44> 북한이 실제로 핵무기를 사용할 가능성 비교

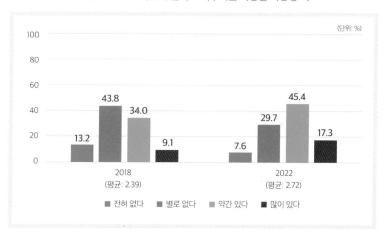

- 앞으로 북한이 핵무기를 실제로 사용할 가능성에 대해 어떻게 생각하는지를 분석한 결과이다.

- 2022년에는 2018년에 비해 북한이 실제로 핵무기를 사용할 가능성이 높을 것으로 전망하고 있다.

- 예컨대, 2018년에는 실제 북한의 핵무기 사용 가능성이 '많이 있다'고 응답한 비율이 9.1%에 불과한 반면, 2022년에는 17.3%로 그 비율이 두 배 가까이 증가하였다.

- 반면, 실제 사용 가능성이 '별로 없다'는 의견은 2018년 43.8%에서 29.7%로 14%p 가량 줄어들었다.

- 이 같은 결과는 북한의 핵무기 보유에 대한 위협 정도, 핵무기 포기 여부에 대한 견해를 조사한 결과와 같이 북핵에 대한 부정적인 인식을 보여준다.

4. 결론

- 본 보고서는 크게 서베이 자료 분석, 2022년 '2030 통일 대토론회', 주요언론 기사 분석 결과를 담고 있다. 그 결과를 간단히 정리하면 다음과 같다. 조사를 통해 드러난 사실은 미래세대가 남북관계와 통일에 대해 부정적으로 생각하며, 통일 가능성에 대해서도 비관적으로 인식한다는 것이다.아울러 20대와 30대의 남북관계와 통일 인식을 비교했을 때, 30대에서 오히려 더 부정적이며 이념적으로도 보수적인 응답자들이 더 회의적이었다. 이는 미래세대 내부에서 20대와 30대가 다르다는 사실을 확인해주며, 이념적으로 보수적인 청년이 더 통일에 관심을 가질 것이란 믿음에 반하는 결과라 할 수 있다.

4.1. 온라인 조사 결과: 2018년과의 비교를 중심으로

- 2018년 '2030 통일 인식' 조사 결과와 2022년 조사 결과를 비교하면, 통일 인식, 대북 정책에 대한 인식, 북핵에 대한 인식 등 여러 가지 측면에서 청년세대의 의견변화를 확인할 수 있었다.

- 최근 청년들은 북한에 대해 비관적이고 비판적인 태도를 보이고 있으며 북한에 대한 관심도와 통일에 대한 기대감이 줄어들고 있다. 북한의 인권 문제와 관련한 보도 증가, 무력 도발 등의 요인들이 청년들의 북한에 대한 인식과 통일에 대한 기대감을 부정적으로 변화시켰을 가능성이 있다.

- 북한의 핵무기 보유에 대한 위협 정도와 포기 여부에 대한 견해에 대해 회의적인 태도를 보이는 청년들이 다소 늘어났다. 이러한 경향은 최근 몇 년 간 북한이 지속적으로 진행한 핵실험과 미사일 발사, 핵무기 보유를 통한 국가 위상 수호, 그리고 핵무기 포기에 대한 의사 표명 부

족 등을 이유로 설명할 수 있다.

- 통일 문제와 대북 경제 지원, 주한미군의 철수 여부 등 다양한 분야에서 나타나고 있으며, 이는 현재 청년세대가 남북통일에 대한 실현 가능성과 비용을 고민하게 만드는 것으로 해석할 수 있다.

4.2. 2030 청년 통일대토론회 결과

- 통일에 대해 긍정적으로 전망하는 청년 패널들과 회의적인 태도를 가지고 있는 패널들은 북한을 어떤 대상으로 인식하고 있는지, 통일에 드는 비용과 편익 중 어느 것이 더 클지 등에 관한 논의에서는 다른 의견을 가지고 있었다. 반면, 북한의 김정은 체제 유지 가능성, 북한 주민들의 생계, 남북관계를 위한 대북정책의 방향, 통일을 위해 해결해야 할 가장 시급한 문제 등에 관해서는 차이가 없었다.

- 통일 후 한반도의 미래에 대해 낙관적인 태도를 보인 청년들은 북한과 교류할 수 있는 기회가 적어 청년세대가 거리감을 느낄 수는 있으나 북한 주민이 한민족이라는 사실은 부정할 수 없다는 데 의견을 모았다. 그러나 통일에 대해 회의적인 시각을 가지고 있는 청년세대의 경우 정치적, 경제적, 문화적 차이 등으로 인해 북한을 '남' 혹은 적대적인 존재로 인식할 가능성이 큰 것으로 보았다.

- 지속적인 갈등과 군사적 위협으로 북한을 경계하는 시각과 평화와 협력의 잠재적인 파트너로 인식하는 시각이 동시에 존재하는데, 이는 남북관계와 통일에 대한 입장에서 경계와 희망이 공존함을 드러낸다. 북한을 협력의 대상으로 보는 집단에서는 북한을 우리와 협력하고 공존하면서 공정한 관계를 만들어 가야 할 대상으로 간주하고 있었다. 남북한은 미래에 어떠한 관계도 될 수 있으며 남북한의 관계를 어떻게 규정할 것인지는 개인의 선택에 달려 있다는 데 의견을 모았다. 하지만

통일에 부정적인 인식을 가지고 있는 경우, 청년세대는 전쟁을 직접 경험한 적이 없는 상황에서 경험하는 북한의 끊임없는 무력 도발은 적이라는 증거라는 입장을 보였다.

- 토론에 참여한 대다수의 청년들은 김정은 체제가 견고하게 유지될 것으로 예상하고 있다. 북한 주민들의 경우 김정은 체제와 국가 정체성을 등치시키고 있고 이러한 지지에 힘입어 체제 안정성을 구축해 나갈 것이라는 의견이다. 그러나 일부는 북한 체제가 견고함을 인정하더라도 북한으로 유입되는 한국의 소프트 파워가 체제를 변화시키는 데 핵심적인 변수로 작용할 가능성에 대해서도 제시하였다.

- 통일을 달성하기 위해서는 정치적, 이념적, 문화적 차이와 경제적 격차를 해소하는 등의 노력이 필요하지만, 다수의 토론 참여자들은 북한의 안보 위협에 대한 큰 우려를 표했다. 청년세대는 비핵화를 통일을 위해 가장 먼저 해결해야 할 문제라는 데 입을 모았다. 북한이 지속적으로 무력 도발을 하고 있는 상황에서 무조건적으로 대북제재를 완화하기보다는 북한의 태도에 따라 일시적으로 완화를 하고 이후의 상황을 살펴보는 것이 좋겠다는 의견이다.

- 남북한 관계를 개선하기 위해서는 외교적 지원, 신뢰 구축을 위한 소통 증진 등 다각적인 접근이 필요하다. 토론에 참여한 청년들은 북한 주민들을 위한 인도적 지원이 필요하나 이러한 지원은 우리와의 신뢰를 구축하기 위한 북한의 외교적 노력이 선행되어야 한다고 보고 있다. 간헐적인 무력도발이나 핵개발 등 북한의 행보와 지원 물자들이 북한의 취약계층에게 잘 전달이 되었는지에 대한 모니터링이 가능한지 등을 고려해 지원해야 한다는 입장이다.

- 남북한 통일 비용과 편익은 정량화하기 어렵지만 생활수준 향상, 안보 강화, 경제 협력 증가 등 많은 이점을 가지고 있다. 그러나 반대로 통일로 인한 경제적, 정치적, 안보 분야에서 발생 가능한 비용이 상당할 수

있다는 점에서 통일은 우리에게 하나의 도전이기도 하다.

- 통일을 축복이라고 보는 측에서는 단기적으로 통일에 드는 비용이 부담일 수 있지만, 통일 후 인구 증가로 인한 내수시장 활성화, 일자리 창출, 인프라 도시 개발 등의 장점이 있어 장기적으로는 통일이 부담이 아닌 가치 있는 투자가 될 것이라고 전망하고 있다.

- 그러나 통일에 드는 비용에 대한 부담감을 강조하는 청년세대의 경우, 남북 간의 동등한 경제적, 사회적 수준을 만들기 위해서는 우리의 일방적 희생이 필요하고 20대 대다수는 통일에 드는 비용을 감당할 경제적 여유가 많지 않기 때문에 편익보다는 비용이 더 클 것이라고 예상하고 있다.

- 이에 대한 해결책으로, 국가적 차원의 보조금 지원에 대한 추가적인 논의가 필요하다는 의견이 있었으며 통일을 하면 해결할 수 있는 문제에 대한 범위가 넓어져 단순히 경제적 비용으로 판단할 수 없다고 보고 통일 후 맞이하게 될 상황을 수치화하여 구체적인 통일의 미래를 그려야 한다고 주장한다.

4.3. 청년 통일대토론회 참여자 FGI 결과

- FGI는 북한에 대한 인식, 통일에 대한 인식, 통일 편익 vs. 통일 비용, 대북정책에 대한 입장, 북핵에 대한 입장 등에 관한 2030세대의 심층적인 의견을 들어보고자 실시되었다.

- 20대는 30대에 비해 남북관계와 통일에 대한 관심도가 현저히 낮았으나, 두 집단 모두 토론회 참여를 계기로 통일에 대해 학습하고 정보를 얻음으로써 통일에 대한 관심이 증가한 것으로 나타났다.

- 북한을 어떤 존재로 인식하는지에 관한 질문에 대해서 20대는 북한을 적이나 남으로, 30대는 이웃이나 같은 민족으로 이해하고 있다는 점에

서 차이를 보였으나, 정치적인 측면에서는 두 집단 모두 북한을 협력하고 도와줘야 할 대상보다는 경계하고 적대해야 할 대상으로 인식하는 경향이 강하게 나타났다. 경계하고 적대해야 할 대상으로 여겨야 하는 가장 핵심적인 이유로 서해교전, 천안함 피격 사건 등 북한의 지속적인 무력 도발을 꼽았다. 이러한 결과는, 청년세대의 남북한의 정치적 상황에 대한 인식이 기존의 세대에 비해 더 현실적이고 객관적일 수 잇다는 점을 어느 정도 보여준다고 할 수 있다.

- 통일에 대한 관심도와 비례하여 30대는 20대에 비해 통일 후의 득실에 대해 다각적으로 더 많이 고민하는 모습을 보여주었다. 구체적으로, 국방비 예산 절감, 북한의 지하자원 활용을 통한 경제성장, 인구 증가로 인한 내수시장 경쟁력 제고 등을 통일 찬성의 이유로 들었으며 반대로 남북한 주민들 간의 사회, 정치, 문화적 차이로 인해 발생하게 될 잠재적인 분열과 갈등을 통일 찬성에 주저하는 이유로 들었다.

- 20, 30대 모두 통일을 단기적인 관점에서 생각하기보다, 최소 30년을 내다보고 점진적으로 준비해야 한다는 입장을 보였다. 통일 초기에는 정치적인 사안으로 발생할 수 있는 분쟁을 고려하여 이중 체제를 유지하고 두 체제 간의 갈등을 해결할 수 있는 중간 협의체 설립을 제안하였다.

- 두 집단 모두 무조건적인 대북지원에 대해 회의적인 입장을 보였다. 지원하는 물자의 종착지를 명확하게 알 수 없다는 점과 지원에도 불구하고 계속되는 군사적 도발이 그 이유이다. 일부는 추후 통일에 대한 정당성을 확보하는 차원에서 북한에 대한 지속적인 지원이 필요하고, 지원과정에서의 허점은 국제사회의 UN 통한 지원으로 해결가능하다고 보고 있다. 그러나 일부는 외부의 도움을 받는 경우 김정은에 대한 우상화와 충성심 고양을 통한 권력 유지 정책에 부정적인 영향을 미칠 가능성을 고려해 북한 정권에서도 이를 바라지 않기 때문에 지원이 불

필요하다는 의견을 피력한다.

- 20대는 통일을 위해서는 우리 국민의 관심 제고가 필요하며, 30대는 반대로 북한의 통일에 대한 의지를 강조하였다. 20, 30대 집단 모두 북한이 핵을 국가 주권의 상징이자 국제사회에서 북한의 독립성을 주장할 수 있는 수단으로 여기고 있다는 데 동의하고 있다. 그러나 핵무기를 통한 무력 도발이 실제 남북 간 전쟁으로 이어질지에 대해서는 각자 다른 입장이다.

- 마지막으로, 청년세대는 '2030 청년 통일대토론회' 과정에서 빈번하게 언급된 독일 사례는 우리에게 통일에 대한 긍정적인 인식을 심어줄 수 있지만, 한반도는 그와 다른 국가적 맥락이 있기 때문에 이를 고려한 통일에 대한 고민이 필요함을 강조한다.

참고문헌

고유환. 2005. "노무현 정부의 대북정책 2 년 평가와 과제." 《통일문제연구》 43(1): 5-32.

김영우. 2021. Do it! 쉽게 배우는 R 텍스트 마이닝. 이지스퍼블리싱.

백영민. 2017. R을 이용한 텍스트 마이닝. 한울.

변종헌. 2014. "통일대박론의 비판적 논의." 《윤리연구》 99: 123-150.

성경륭. 2008. "김대중-노무현 정부와 이명박 정부의 대북정책 추진전략 비교: 한반도 평화와 공동번영 정책의 전략, 성과, 미래과제." 《한국동북아논총》 48: 285-311.

이명수. 2008. "북핵문제와 우리 정부의 대응: 노무현, 이명박 정부의 북핵정책 비교연구." 《한국동북아논총》 48: 335-359.

이창헌. (2008). 노무현 정부 대북정책의 성과와 평가. 정치정보연구, 11(1), 73-97.

Lindstedt, N. C. 2019. "Structural Topic Modeling For Social Scientists: A Brief Case Study with Social Movement Studies Literature, 2005-2017." Social Currents 6(4): 307-318.

Roberts, M. E., Stewart, B. M., and Tingley, D. 2019. "Stm: An R package for structural topic models." Journal of Statistical Software 91(1): 1-40.

Schmiedel, T., Müller, O., and vom Brocke, J. 2019. "Topic modeling as a strategy of inquiry in organizational research: A tutorial with an application example on organizational culture." Organizational Research Methods 22(4): 941-968.

이 영 선

대광고와 서울 상대 경제학과를 졸업 후 미국 메릴랜드 대학교에서 경제학 박사 학위를 취득했다. 연세대학교 경제학과에서 27년간 봉직하는 동안 기획실장, 국제학 대학원 원장 등으로 봉사한 후 제7대 한림대 총장을 역임했다. 「경제계획론」, 「민주주의와 경제정책」 등 다수의 저서와 논문을 집필했다. 특히 연세대학교에 통일연구원을 설립하여 통일문제를 학제간 학문과제로 연구하는 틀을 만들며 북한경제와 통일 과제에 대한 다수의 논문을 출간했다. 국가를 위해서도 대한적십자사 부총재, 대학구조개혁 위원장, 국민경제 자문회의 부의장을 역임하였으며 현재 연세대학교 경제학부 명예교수이며 통일과나눔 재단 이사장으로 봉사하고 있다.

윤 영 관

서울대학교 외교학과를 졸업 후 존스홉킨스대학교 국제관계대학원(SAIS)에서 국제정치학 석·박사 학위를 받았다. 1990년 서울대학교에 교수로 부임하기 전에는 캘리포니아대학(University of California, Davis)에서 3년간 국제정치경제학을 가르쳤다. 국제정치경제, 한국외교, 남북관계 분야에서 「외교의 시대」, 「21세기 한국정치경제모델」, 「한반도 통일」(공저), 「통일한국의 정치제도」(공저) 등의 저서와 80여 편의 학술 논문을 발표했고 World Politics, International Political Science Review, The National Interest 등의 국제학술지와 미디어에 실렸다. 비영리 민간 연구소인 미래전략연구원과 한반도평화연구원을 설립해 초대 원장으로 일했고, 제32대 외교통상부 장관, 동아시아비전그룹 II 한국대표이자 공동회장을 역임했다. 현재는 아산정책연구원 이사장과 서울대 정치외교학부 명예교수를 맡고 있다.

김 병 연

서울대학교 경제학과를 졸업 후 옥스퍼드대학교에서 경제학 박사학위를 받았다. 영국 에섹스대학, 서강대학교 교수를 역임하였으며, 현재 서울대학교 경제학부 교수로 재직 중이며 서울대 국가미래전략원장을 맡고 있다. 연구 관심분야는 체제이행과 응용계량경제학이며 주로 구사회주의 국가들과 북한을 대상으로 연구하고 있다. 대표 저서로는 「Unveiling the North Korean Economy」(Cambridge University Press, 2017) 등이 있다. 영국경제사학회 T. S. Ashton Prize, 한국경제학회 청람상, 서울대학교 학술연구상, 대한민국 학술원상, 니어재단 학술연구상 등을 수상했다. 서울대 통일평화연구원장, 국민경제자문회의 위원을 역임했으며 통일부의 통일미래기획위원회 경제분과장을 맡고 있다.

박 명 규

서울대학교 사회학과를 졸업하고 동대학원에서 사회학 박사학위를 받았다. 현재 서울대학교 사회학과 명예교수이자 광주과학기술원(GIST) 초빙석학교수로 재직하고 있다. 한국사회사, 종교사회학, 공동체와 아이덴티티, 문화사회학 등을 가르쳤다. 저서로는 「다시 대한민국을 묻는다」(공저), 「남북통합지수 1989~2007」(공저) 등이 있다. 서울대학교 통일평화연구원을 설립, 초대원장으로 10년간 재임하면서 남북관계와 평화연구의 확산에 힘을 쏟았다. 전북대학교 사회학과 교수, 하버드대학 옌칭연구소 객원연구원, 일본 규슈대학 한국학연구소 객원교수, 미국 캘리포니아대학(버클리) 교환교수, 서울대학교 사회발전연구소장, 한국사회학회 회장, 대통령직속 통일준비위원회 위원을 역임했다.